월봉집
月峯集

동국대학교 불교기록문화유산아카이브사업단(ABC)
본서는 문화체육관광부 지원으로 동국대학교 불교학술원에서 간행하였습니다.

한글본 한국불교전서 조선 64
월봉집

2021년 3월 20일 초판 1쇄 인쇄
2021년 3월 30일 초판 1쇄 발행

지은이 월봉 책헌
옮긴이 이종수
펴낸이 윤성이
펴낸곳 동국대학교출판부

주소 04620 서울시 중구 필동로 1길 30
전화 02-2260-3483~4
팩스 02-2268-7851
Homepage http://dgpress.dongguk.edu
E-mail book@dongguk.edu
출판등록 제2-163(1973. 6. 28)
편집디자인 동국대학교출판부
인쇄처 네오프린텍(주)

ⓒ 2021, 동국대학교(불교학술원)

ISBN 978-89-7801-998-9 93220

값 14,000원

이 책의 무단 전재나 복제 행위는 저작권법 제98조에 따르 처벌받게 됩니다.

한글본 한국불교전서 조선 64

월봉집
月峯集

월봉 책헌 月峯策憲
이종수 옮김

동국대학교출판부

월봉집月峯集 해제

이 종 수
순천대학교 사학과 교수

1. 개요

『월봉집月峯集』은 월봉 책헌月峯策憲의 시문을 모아 그 제자들이 1703년 2월 전라남도 담양 추월산 용추사에서 간행한 문집이다. 총 3권에 문장 10편, 시부詩賦 64편으로 구성되어 있다. 책헌은 1623년에 경상남도 성산 조여리에서 태어났지만 입적 연대는 알려져 있지 않다. 『해동불조원류』에 따르면 부휴계 취미 수초翠微守初(1590~1668)의 4세로 기록되어 있다. 하지만 문집의 글을 볼 때 교학으로는 부휴계의 벽암 각성碧巖覺性(1575~1660)에게 수학하였고, 선으로는 청허계의 풍담 의심楓潭義諶(1592~1665)에게 가르침을 받았으므로 계파를 따지기는 어려워 보인다. 다만 후대에 계파가 정립되면서 그의 제자들이 부휴계에 편입되며 정해진 것이 아닌가 생각된다.

책헌의 사상은 선과 교에 대한 문답, 그리고 정혜에 대한 설명 등에 잘 나타나 있다. 이러한 글을 통해 책헌의 사상은 물론이고 당시의 불교에 대한 인식 수준을 가늠할 수 있다. 그리고 심心을 심공心公으로 의인화하여 자신의 생각을 전개한 시문을 통해 당시 유행했던 천군류天君類 소설의 한 단면을 엿볼 수 있다. 또한 문집의 곳곳에 등장하는 내용을 통해 경절문·원돈문·염불문의 삼문 수학에 대해 유추할 수 있고, 아울러 사집과와 사교과를 중심으로 한 당시의 강원 교육도 확인할 수 있다.

2. 저자

월봉 책헌은 『월봉집』이외의 기록에서 그 이름이 거의 발견되지 않는다. 다만 채영이 편찬한 『해동불조원류』에서는 부휴계 취미 수초—취암 해란翠嵓海瀾—취봉 국추翠峰國樞의 문파로 기록되어 있다. 그런데 책헌이 스스로 밝힌 사법 스승으로는 청허계 풍담 의심을 언급하고 있다. 즉 출가 스승은 취미 수초이지만 사법 스승은 풍담 의심이라는 것이다. 이는 부휴계에서 출가하여 청허계의 법을 수학한 것으로 볼 수 있다. 그런데 17세기는 아직 계파 의식이 뚜렷하지 않아 청허계와 부휴계로 분파되었다고 보기 어려우므로 이는 자연스러운 현상이라고 생각된다. 『해동불조원류』에는 그의 사법 제자로 대명 천붕大溟天鵬과 한송 득관寒松得寬을 기록하고 있다. 책헌은 스스로를 소연자昭然者라고 불렀다. 『월봉집』에 의거하여 책헌의 일생을 정리하면 아래와 같다.

1623년　　　경상남도 성산 조여리에서 태어남. 아호는 행립.
1635년(12살)　출가.
1638년(15살)　해인사에서 삭발.
1640년(17살)　송파 대사에게 수업.
1646년(23살)　해인사 벽암 각성의 화엄대회 참석 후 불영사 안거. 취암 해란 만남. 인허 스님 만남. 가야산에서 송파 각민松坡覺敏(1596~1675)에게

『금강경』 강의 들음.

  1648년(25살)　지리산에서 벽암 각성에게 교학 배움.

  1651년(28살)　법주사에서 벽암 각성과 겨울 석 달 안거하며 교학을 배움.

  1652년(29살)　치악산에서 면벽 수행.

  1653년(30살)　금강산 정양사에서 여름 두 달 안거하며 풍담 의심으로부터 선을 배움. 포천군 천주산 신륵암에서 구암 방인을 만나 사집과 사교과의 글에 대해 대화함. 원돈교가 화엄교학임을 말함.(원은 만법을 융통함이고 돈은 자심을 밝히는 것)

  1656년(33살)　소백산에서 가을과 겨울 보냄.

  1657년(34살)　황악산에서 송파 대사의 부름을 받고 머무름.

  1659년(36살)　상원사에서 여름 결재.

  1660년(37살)　공덕산에서 거처함.

  1663년(40살)　8월 원주 미륵산 고자암에서 거처함.

이상의 기록은 『월봉집』에 의거하였으므로 언제 입적했는지는 불분명하다. 마지막 기록이 40세에서 끝나고 있으므로 그리 오래 살지는 못했던 것으로 보인다. 아래는 책헌 스스로 자신의 전기를 시로 읊은 내용을 소개한 것이다.

    조령의 남쪽 영남 성산읍
    서쪽에 큰 암석이 있는 조여리
    이곳에 세속을 떠난 사람 없었는데
    그중에 티끌세상 뛰어넘은 놈 있으니
    화택의 괴로운 윤회를 싫어하여
    공문에 들어가 불교 이치 증득하고
    다생에 갚지 못한 은혜 갚고자 서원하여

지금부터 비로소 석씨 성을 사용하네

〈태어난 곳(所生)〉

아버지 낳으시고 어머니 길러 주심은 하늘땅 같거늘
이끌어 길러 주신 스승은 공덕 가장 으뜸이오
안노安老는 나를 타일러 계율을 지니게 하였고
송파松坡는 나를 이끌어 글을 익히게 하였으며
취암翠岩은 열어 보여 심지를 밝혀 주었고
국일國一은 경전 강의로 교문에 들어가게 하였으며
멀리 풍담風潭 찾아 선어를 물으니
육존六尊의 큰 가르침 부모 은혜 뛰어넘었네

〈스승(所師)〉

오온산에서 가장 높은 봉우리
높고 높아 우뚝 태허공에 솟아 있는 곳
시간적으로 삼세를 다하여 고금에 활발하고
공간적으로 시방세계 위아래에 두루 통하는 곳
무주선암을 정상에 세우고
소연 늙은이 거기에 사노라니
몇 겁을 지나도 무너지지 않을 것이거늘
병든 스님 영휴靈休가 월봉이라 부르네

〈당호(所號)〉

합천 가야산은 내가 승려 된 곳이고
대구 비슬산은 스승의 탑을 세운 곳이며
때로 성주 불영산과 금산 황악산에 거주하였고

때로 풍기 소백산과 춘천 경운산에 거처하였으며
보은 속리산과 상주 사불산, 철원 백운산에서 살았고
회양 풍악산과 강릉 오대산, 지례 비봉산에서 거처하였으며
원주 치악산과 양근 용문산, 충주 미륵산에서 노닐었고
무주 여산과 운봉 방장산에서 바랑을 매어 두고 거처하였소
〈머문 곳(所住)〉

일찍이 해인사 벽암 회상에 거처할 적에
기쁜 마음으로 화엄 대법회에 참여하였다가
역병을 피해 수도사로 옮겨 가
다행히 선지식을 만나 참선을 배웠네
먼저 '이 뭐꼬' 화두를 들었고
나중에 스스로 주인공이라 부른 인연을 들었네
낮에는 경 읽고 밤에는 화두 들었건만
공부에 전일함이 없어 망념이 분분했네
〈처음 참구함(初叅)〉

정 깊고 뜻이 은밀한 벗이 있었으니
원담圓湛 신순信淳 원헌遠憲 스님
차고 비며 높고 낮음을 능히 해석하고
옳고 그름, 곧고 굽음을 보고 알도다
여래의 가르침 왜 그런지 통달하고
조사들의 선어 무슨 말인지 투과하였으니
함께 노닐고 함께 배워 오래되었다 말하지 말라
꿈에서 창해 지나고서 지금에서야 생각하네
〈함께 배움(同學)〉

3. 서지 사항

『월봉집』은 그 간기에 "康熙四十二年癸未。二月。日。全羅道潭陽北嶺秋月山龍湫寺開刊。"이라고 되어 있으므로 1703년 2월 전라남도 담양 추월산 용추사에서 간행되었음을 알 수 있다. 고려대학교와 계명대학교 도서관에 판본이 소장되어 있으며, 목판본 3권 1책(四周單邊 半郭 19.4×15.0cm, 有界, 9行 18字, 內向二葉花紋魚尾 29.0×19.8cm)으로 구성되어 있다. 제1권(42장 84면)은 문장 10편이 수록되어 있고, 제2권(16장 32면)은 오언송시 7편, 오언율시 8편, 오언시 11편, 칠언시 22편이 수록되어 있으며, 제3권(24장 48면)은 부賦 16편이 수록되어 있다. 그리고 간기 및 시주·연화질(1장 2면)이 새겨져 있다. 책말의 시주질 및 연화질 등을 보면 대덕, 산중노덕, 삼강, 시주겸문제, 연화질 순서로 기록되어 있다. 이 기록에 따르면 간행에 참여한 사람은 39명이지만, 대덕과 산중노덕을 단순한 후원자로 본다면 실제 간행에 참여한 사람은 31명 정도가 된다. 이 가운데 눈에 띄는 인물은 추붕이다. 여기서 추붕은 아마도 설암 추붕雪巖秋鵬(1651~1706)인 것 같다. 설암 추붕은 『설암잡저』(3권)와 『설암선사난고』(2권)의 저자이다. 그리고 간각자로 기록된 태초는 여수 흥국사에서 1664년 『묘법연화경』을 판각할 때에는 판화사板化士로 참여하였고, 1665년 『금강반야바라밀경오가해설의』를 판각할 때에는 판전화사겸조연板殿化士兼助緣으로 참여하였다.

4. 내용과 성격

1) 마음의 주인공에 대해 논함

『월봉집』에 보이는 특징 중 하나는 심心을 의인화하여 심공心公으로 표현하고 있다는 점이다. 이는 16, 17세기에 유행했던 천군류天君類 소설의 영향을 받은 것으로 생각된다. 심을 천군天君으로 의인화하여 주자학의 심성론 기반 위에 출현한 서사 문학인 김우옹(1540~1603)의 「천군전天君傳」, 임제林悌(1549~1587)의 「수성지愁城誌」, 정태제鄭泰齊(1621~1669)의 「천군연의天君演義」 등이 대표적인 천군류 소설이다. 이 소설들은 『서경』에서 "人心惟危。道心惟微。惟精惟一。允執厥中。"이라고 한 인심과 도심의 심을 설명하기 위해 만들어졌다. 퇴계의 이기호발설理氣互發說과 율곡의 이발기승일도설理發氣乘一途說의 논쟁으로 인해 심성론에 대한 성리학자들의 관심이 증폭되던 시대였던 반면 심성은 난해했기에, 이를 쉽게 설명하기 위한 방편으로 영남 성리학자들을 중심으로 심을 의인화한 소설이 등장한 것이다. 우선 『월봉집』에서 설하고 있는 심공에 관한 글을 음미해 보자.

기이하구나! 심공이여. 그대는 본심의 마음을 가지고 있으니 그 마음을 잊지 말아야 한다. 마음 마음에 그 마음을 마음에 두고, 생각 생각에 그 생각을 생각하여 생각이 그 생각을 보존하고 마음이 그 마음을 편안히 해야 한다. 마음은 다른 마음이 없고 생각은 다른 생각이 없으니 생각 생각과 마음 마음에 깨어 있어서 미혹하지 않고 마음 마음과 생각 생각에 알고 있어서 우매하지 않아서, 우매하지도 않고 미혹하지도 않은 마음과 생각이 마음 마음의 마음이고 생각 생각의 생각이다. 자주자주 사邪와 정正의 마음을 잘 관찰하고 마음이 혼산昏散할 때에는 그때마다 정신을 바짝 차려서 다만 자성의 진심【밝고 밝게 알아서 항상 그대로 변하지 않는 마음】을 지키고 경계를 반연하는 망심【경계를 반연하고 분별하여 경계를 따라 생멸하는 생각】을 내지 말아야 한다. 적절히 마음을 쓸 때에는 적절히 무심無心을 쓰고, 무심을 적절히 쓸 때에는 항상 적절히 무無를 쓰면, 무심이 곧 유심이고 유심이 곧 무심이다. 무심과 유심은 모두 임시로 붙인 이름이지만, 오직 하나의 진심은 신령하고 오묘하며 자재하면서도 자성을 지키지 않아서, 뒤집으면 망심이 되어 경계를 따라 떠돌아다니면서 스스로 온갖 업을 짓고 여러 가지 고통을 받으니, 괴이하고 애통해할 만하도다.

심공이여! 심공이여! 이것은 누구의 잘못인가. 내 지금 그대에게 두 번 세 번 간곡히 부탁하노니, 그대도 돌이켜 생각해 보면 알겠지만, 훗날 언젠가 만약 마음이 생각을 일으키거든 생각이 곧바로 마음으로 돌아가고, 생각이 마음에 움직이거든 마음이 곧바로 생각으로 돌아가, 생각이 그 마음에 있고 마음이 그 생각에 있으면, 생각 생각이 무념이고 마음 마음이 무심이어서, 무심이 도리어 무념이 되고 무념이 도리어 무심이 된다. 마음과 생각은 하나라고 말하고 싶지만 하나가 아니고, 둘이라고 말하고 싶지만 둘이 아니어서, 둘도 아니고 하나도 아닌 마음과 생각은 비어 있으면서도 신령스럽게 알고, 고요하면서도 신령스럽게 오묘하여, 신묘한 심체를 마음이 어떻게 측량할 수 있겠으며, 측량하지 못하는 마음을 더 이상 어찌하겠는가. 마치 물로써 물을 씻는 격이요, 눈으로써 눈을 보는 격이니, 본래 능能과 소所가 없기 때문이다.

위의 글은 「심공 스스로 경계하는 설(心公自警說)」의 일부이다. 이 글에서 보이듯이 심을 의인화하여 심공을 교화하는 내용이다. 당시 성리학자들의 심성논쟁에 영향을 받아 불교계에서도 심성에 대한 논쟁을 벌였던 것으로 보이지만, 이 글처럼 심을 의인화한 글은 보이지 않는다. 아마도 앞에서 언급했듯이 이 글 역시 성리학자들의 천군류 소설에서 그 영향을 받아 심에 대해 논한 글이 아닌가 생각된다. 아무튼 월봉 책헌은 불교의 본질적 주제인 깨달음의 문제를 심공을 통해 설명하고 있는 것으로 보인다.

2) 선과 교에 대해 논함

17세기 불교계의 사상적 경향을 짐작하기는 쉽지 않다. 당시의 불교 사상을 가늠할 수 있는 글이 그리 많지 않기 때문이다. 그도 그럴 것이 1592년 임진왜란이 있었고, 1636년 병자호란이 있었기 때문에 사상적 주장을 글로 남길 만한 여력이 별로 없었던 시대였다고도 할 수 있다. 그렇지만 성리학자들은 16세기 퇴계와 율곡의 심성논쟁에 이어 인물성동이논쟁을 벌였고, 이러한 성리학자의 논쟁이 불교에도 영향을 미쳤던 것으로 보인다. 가령 불교계에서 간행된 17세기 말 운봉 대지의 『심성론』에 나타난 '人人法身各各圓滿'은 유가의 '各具太極'과 상응하고 '人人法身摠爲一者'는 '統體太極'과 상응한다고 볼 수 있다. 그런데 월봉 책헌은 불교계에서 벌어지고 있던 심성논쟁의 시대에 살았던 인물이다. 게다가 『월봉집』에서도 여러 승려들과 논쟁을 벌이고 있는 모습이 그려지고 있다. 바로 그 지점을 담고 있는 내용이 선과 교에 대한 책헌의 견해이다. 책헌은 다음과 같이 말한다.

> 방인 대사가 나에게 물었다. "그렇다면 무엇 때문에 목우자는 청량의 『화엄소』를 인용하여 선교가 다르다는 것을 논변하였으며, 청허는 사명을 위해 선과 교의 다른 종취를 서술하였습니까?"
> 나는 답하였다. "이 역시 근기에 따른 방편설입니다. 청량이 어찌 선과 교의 같지 않음을 몰랐겠습니까. 다만 종지에 미혹하여 길을 잃은 자들에게 오로지 정혜定慧를 닦아서 보리를 증득하도록 하고자 했기 때문입니다. 목우자가 어찌 선교의 같음을 몰랐겠습니까. 다만 의리에 막혀 망회허랑忘懷虛朗하지 못하는 자로 하여금 출신활로出身活路를 알게 하고자 하였기 때문입니다. 옛날의 종사에게 좋은 방편이 있었다면 오늘날의 선지식에게 어찌 선교방편이 없겠습니까. 사명이 비록 위대한 사람

이라고 하지만 자기의 일을 통달하지 못하여 청허의 지견이 제방의 납자와 다르다는 말을 듣고 항의하고자 했기 때문에 서산에게 나아가 먼저 이해한 바를 말하였는데, 모두 명교名敎에 막히고 본지를 통달하지 못하였기에 서산이 듣고 한심하게 여기며 즉시 『선교석』을 서술하여 보여 주었고, 이에 사명이 은밀한 뜻을 곧장 알아차렸으니 어찌 말에 집착하는 것을 깨뜨린 것이 아니겠습니까.……일법一法을 돈오하면 부처님의 설이 묘법일 뿐만 아니라 제비와 앵무새 소리도 실상을 노래하는 진담이 되고 삼라만상이 모두 조사의 활구가 아닌 것이 없는 것입니다. 하지만 만약 말에 집착하여 뜻을 이해하지 못하면 비록 팔만대장경을 외우더라도 모두 마군의 설일 뿐입니다.

위의 글은 「구암당 방인 대사에게 보이는 선교총결(示龜巖堂印大師禪敎摠訣)」의 일부이다. 이 글에서 16세기 말 선과 교에 대한 견해 차이가 있었음을 알 수 있다. 특히 청허 휴정이 『선교석』을 서술하게 된 배경을 확인할 수 있다. 그런데 이러한 선교의 견해 차이는 17세기에도 여전히 있었던 문제였으므로 책헌은 방인 대사와 논쟁을 벌였던 것으로 이해된다.

3) 17세기 수행 풍토를 보여 줌

17세기 불교계는 경절문·원돈문·염불문의 삼문을 중심으로 수행 체계가 형성되고 있었다. 이는 조선 전기 명종대까지 선종과 교종으로 나뉘어 있다가 문정왕후 승하 후 국가 공인의 종파가 없어지면서 불교계가 자체적으로 수행 체계를 정비하면서 발생한 수행문이라고 할 수 있다. 경절문은 선의 수행 가운데서도 간화선 방법의 임제종 전통을 계승한 것이고, 원돈문은 교학 가운데 화엄의 수학을 위주로 한 것이며, 염불문은 극락왕생을 위한 보편적 수행문이라 할 수 있을 것이다. 이러한 수행문은 17세기에 정비되기 시작하여 18세기에 완비된 것으로 보이는데『월봉집』에서도 그 내용을 찾아볼 수 있다.

책헌은 자신이 출가하여 수행한 과정을 설명하면서「월봉 무주암 소연자가 출가하여 선의 이야기를 듣고 스스로 기뻐하여 삼가 기술한 보잘것없는 글(月峯無住昭然子預出家聞禪話自欣慶謹述諰序)」에서 다음과 같이 말한다. "두루 강사講肆와 선장禪場을 찾아다니며 경론의 은밀한 말씀을 열람하였고, 눈 밝은 스승과 좋은 벗을 참방하여 경절문의 현묘한 담론을 들었다." 그리고「선객에게 보이는 결의론(示禪客決疑論)」에서 자신을 찾아온 스님에게 "처음에는 본분을 곧장 드러내는 가운데 간화와 염불의 법을 설하고, 나중에 자인慈忍과 수치修治의 행을 권하였습니다."라고 하였다. 즉 경절문의 간화선과 원돈문의 교학과 염불문의 염불수행이 책헌의 일생을 통해 드러나고 있음을 확인할 수 있다.

그의 행적을 보더라도 운수납자로서 전국 명산에 있는 훌륭한 스승을 찾아가서 가르침을 받았으며, 그 스스로도 많은 운수납자들을 맞이하여 논쟁을 벌였던 것이 확인된다. 특히 강원 교육과 관련하여『월봉집』을 통해 사집과의『선요』·『도서』·『서장』·『절요』, 사교과의『능엄경』·『금강경』·『원각경』·『법화경』, 그리고 대교과의『화엄경』·『전등록』·『선문염송』의 교재들이 언급되고 있다. 이 가운데 사교과의『법화경』은 17세기 말『대승기신론』으로 대체되었던 것으로 알려져 있는데, 책헌이『대승기신론』을 언급하지 않은 것으로 볼 때 당시까지는『대승기신론』이 사교과의 과목으로 수용되지 않았던 것으로 보인다.

5. 가치

『월봉집』은 불교사적·사상적·문학적 가치로 나누어 설명할 수 있겠다. 불교사적 가치는 청허계와 부휴계의 분파와 관련된 것이다. 흔히 조선 후기 불교의 특징으로 청허계와 부휴계의 분파를 이야기한다. 그런데 이 분파가 언제부터 시작되었고 언제 완성되었는지에 대해서는 아직 정설이 없는 상태다. 그런데 월봉 책헌의 행적을 보면 그는 청허계와 부휴계 양쪽에서 수학하였다. 특히 부휴계의 벽암 각성으로부터 원돈문의 감화를 받고, 청허계의 풍담 의심으로부터 경절문을 수학하여 깨달음을 이룬 것으로 보인다. 그런데 『해동불조원류』에서는 책헌을 부휴계로 분류하였다. 처음 출가한 법맥이 부휴계에 속해 있었기 때문이다. 하지만 책헌이 가장 큰 가르침을 받았던 스승은 스스로 이야기하듯이 풍담 의심이다. 그렇다면 풍담 의심의 법을 계승한 것으로 보고 청허계로 분류해야 하지 않았을까? 이 문제는 당시까지 청허계와 부휴계의 계파가 정립되어 있지 않았기 때문에 발생한 것으로 보인다. 그러므로 『월봉집』은 청허계와 부휴계의 분파 이전 상황을 확인해 주는 또 하나의 자료로서 가치가 있다고 할 수 있을 것이다.

사상적 가치는 17세기 선과 교에 대한 이해를 보여 주고 있다는 점이다. 앞서 언급하였듯이 선과 교에 대해 논하는 과정을 통해 당시 불교계의 이슈가 선과 교였다는 점을 확인할 수 있다. 이미 청허 휴정이 『선교석』과 『선교결』을 서술함으로써 당시 승려 사이에 그것이 논쟁이 되고 있음을 보여 주었지만 17세기 중반까지 이 주제는 여전히 유효하였다는 점이다. 그리고 부휴계의 벽암 각성으로부터 교학을 배우고 청허계의 풍담 의심으로부터 선을 배웠다는 언급을 통해 두 계파의 분파가 단순한 문파의 차이라기보다 사상적 차이에서 비롯된 것이라고 할 수 있는 가능성을 보여 주고 있다는 점이다. 이는 아직 추정에 불과하지만 두 계파가 정립되는 과정에서 부휴계가 청허계에 비해 교학에 치우쳐 강원 교육을 주도했다는 점은 분파의 맥락을 이해할 수 있는 단서를 제공하고 있다고 할 수 있을 것이다. 또한 삼문 수학에 대해 언급하고 있으므로 17세기에 삼문 수학이 차츰 보편적 수행 체계로 자리 잡아 가고 있음을 확인할 수 있다.

문학적 가치는 천군류의 소설에 영향을 받았다는 점과 시부詩賦를 통해 자신의 행적과 사상을 읊었다는 점에서 찾을 수 있을 것이다. 심心을 의인화한 심공心公을 등장시켜 마음을 설명함으로써 보다 친근감 있고 문학적으로 자신의 생각을 설파하였다고 할 수 있다. 이는 천군류 소설의 발생 배경과도 유사하다고 할 수 있다. 성리학자들이 심성에 관해 고리타분하고 어려운 철학적 설명보다는 소설적 표현을 통해 쉽게 설명하려고 했듯이, 책헌은 승려로서 불교의 마음을 좀 더 친근하게 설명하려고 했던 것 같다. 이처럼 심을 의인화한 글이 불교계의 다른 글에서 보이지 않는다는 점에서 그의 글이 더욱 가치가 있다고 생각된다. 그리고 시부의 경우도 자연을 노래하며 자신의 생각을 투영하는 형태보다도 직접적으로 자신의 행적과 생각을 오언과 칠언으로 표현해 냄으로써 당시 지식인들에게 자신의 문학적 소양을 드러내고자 했던 것으로 보인다. 유학을 숭상하는 나라에서 한문을 구사하고, 더구나 시를 통해 자신을 드러내는 것이 지식인으로서 인정받게 되는 하나의 지름길이었던 시대적 상황에서 본다면, 불교계에서 자신의 위상을 드높이고자 했던 의도도 있었을 것으로 짐작된다.

6. 참고 자료

김용태, 『조선 후기 불교사 연구 : 임제법통과 교학전통』, 신구문화사, 2010.

이종수, 「조선 후기 불교의 수행체계 연구 : 삼문수학을 중심으로」, 동국대학교 박사논문, 2010.

신상필, 「천군류 출현의 철학적 기반과 서사문학적 지위」, 『한문학보』 23, 우리한문학회, 2010.

허원기, 「천군소설의 심성론적 의미」, 『고소설연구』 11, 한국고소설학회, 2001.

차례

월봉집月峯集 해제 / 5
일러두기 / 23

월봉집 제1권 月峯集 卷之一

문文-10편
경론의 대덕에게 보이는 말 示經論大德語 27
심공 스스로 경계하는 설 心公自警說 51
대각의 정혜에 관한 설 大覺定慧說 54
무위진인 서문 無位眞人序 59
종오 선사에게 보이는 법어 示宗悟禪師法語 63
또 又 65
또 又 66
또 又 67
구암당 방인 대사에게 보이는 선교총결 示龜巖堂印大師禪敎摠訣 69
선객에게 보이는 결의론 示禪客決疑論 79

주 / 97

월봉집 제2권 月峯集 卷之二

오언송五言頌-7편
구 스님에게 보임 示球師 107
오 스님에게 보임 示悟師 108
주인공을 찾아서 訪主人公 109
응 대사에게 보임 示膺大師 110
문 상인에게 보임 示文上人【二首】 111
혜 스님에게 보임 示慧師【二首】 112

해 선사에게 보임 示海禪 ……… 113

오언율시 五言律-8편
참선하고 염불하며 叅念 ……… 114
기 선사에게 보임 示機禪 ……… 115
천오 스님에게 드림 贈天悟 ……… 116
광헌 스님에게 드림 贈廣軒 ……… 117
영 대사에게 드림 贈英大師 ……… 118
깊은 곳에 거처함 幽居 ……… 119
객에게 보임 示客 ……… 120
언 사미에게 보냄 贈彦沙彌 ……… 121

오언 五言-11편
홀로 띠풀 암자에 앉아 만 가지로 공을 생각함 獨坐茅庵萬慮空 ……… 122
다만 일상생활에서 진공을 배움 但於日用學眞空 ……… 124
망념이 도무지 일정한 곳 없음을 안다면 若知妄念都無所 ……… 125
일성의 허공에서 자유롭게 노닐다 任運騰騰一性空 ……… 126
위없는 진인 無位眞人 ……… 127
응 대사에게 받들어 보임 奉示膺大師 ……… 131
다시 차운하여 기 스님에게 드림 復次贈機師 ……… 132
현진 주인에게 부치며 寄玄眞主人 ……… 135
깊은 곳에 거처하며 幽居 ……… 136
술회하여 대중에게 보임 述懷示衆 ……… 137
좌우명 座右銘 ……… 142

칠언 七言-22편
성 스님의 물음에 답함 答性師問 ……… 144
응 판사에게 보임 示膺判事 ……… 145
또 응 판사에게 보임 又示膺判事 ……… 146
일선에게 보임 示一禪 ……… 147
무적당【원 수좌】에게 부침 寄無迹堂【圓首座】 ……… 148
또 又 ……… 149

또 又 150
또 又 151
심선에게 보임 示心禪【二首】 152
또 又 153
세상의 부질없는 칭찬을 탄식하며 歎世浮譽【四首】 154
법명 대사에게 보임 示法明大師 156
염불게念佛偈 157
참선송叅禪頌 158
원 수좌에게 부침 寄元首座 159
원 수좌에게 답함 答元首座 160
행각승에게 보임 示行脚僧 161
오 스님에게 보임 示悟師 162
또 又 163
우 스님에게 보임 示愚師 164
참선하고 염불하는 노래 叅念頌 165
흠 수좌가 풍악산으로 가는 길을 전송하며 送欽首座歸楓岳山 166

주 / 167

월봉집 제3권 月峯集 卷之三

부賦-16편

담 스님이 금강산에 가는 길을 전송하며 送湛師之金剛山 171
깊은 곳에 은거하여 술회함 幽居述懷 173
풍악산으로 돌아가는 흠 선자에게 줌 贈欽禪子歸楓岳 178
세 번 주인공을 부르다 三喚主人公 179
주인공이란 疑主人公 182
일출암에 깊이 은거함 幽居日出庵 186
민 스님에게 드리는 시 서문 贈示敏師序【敏即雙敏】 189
술회하여 대중에게 보임 述懷示衆 191
또 又 192

또 又 193
또 又 194
세상의 잘못과 허물을 생각하며 念世過患 195
대방광불화엄경 大方廣佛華嚴經【律詩七首】 196
자심을 관하며 自心觀 199
참학하여 말씀을 구함 叅學求語【二十四首】 200
월봉 무주암 소연자가 출가하여 선의 이야기를~ 月峯無住昭然子預出家聞~ 207

간기 / 219
시주질 / 220

주 / 221

찾아보기 / 223

일러두기

1 '한글본 한국불교전서'는 문화체육관광부의 지원을 받아 동국대학교 불교학술원에서 수행하고 있는 '불교기록문화유산아카이브(ABC)사업'의 결과물을 출간한 것이다.
2 이 책은 『한국불교전서』(동국대학교출판부 간행) 제9책의 『월봉집月峯集』을 번역하였다.
3 『한국불교전서』에서 저본으로 삼은 목판본 『월봉집』과 대교하여 교감하였다.
4 번역문에 이어 원문을 병기하였다. 원문은 『한국불교전서』를 저본으로 하였으며, 원문에 간단한 표점 부호를 넣었다.
5 원문 교감 내용은 원문 아래에 표기하였다. ㉚은 『한국불교전서』의 교감 내용을, ㉱은 번역자의 교감 내용을 가리킨다.
6 약물은 다음과 같다.
　『 』: 서명
　「 」: 편명, 산문 작품
　〈 〉: 시 작품
　T : 『대정신수대장경』
　X : 『신찬대일본속장경』
　K : 『고려대장경』
　H : 『한국불교전서』

월봉집 제1권
| 月峯集* 卷之一 |

---

* ㉑ 저본은 강희康熙 42년 전라남도 담양 용추사龍湫寺 간행본이다. 해인사에 소장되어 있다.

경론의 대덕에게 보이는 말

월봉月峯 무주암無住庵의 소연자昭然子[1]인 나는 어려서 공문空門[2]에 들어와 젊은 시절에 선관禪觀을 배웠다. 경론의 언어문자에 구애되지 않았으므로 겉으로는 교학을 배척하는 것처럼 보였고, 오직 종교宗敎[3]의 지극한 이치를 궁구하였기 때문에 안으로는 철저히 깨달은 바가 있는 것처럼 보였다. 마음가짐은 질박하고 솔직하여 숨김없이 드러났으며, 말은 빨라서 즉시 답하고 질문하였다.

어떤 객이 나를 달갑게 여기지 않고 대중들에게 비난하며 말하기를, "무주암에 있는 소연자는 스스로 뽐내며 '삼승의 분교分敎라면 내가 익힌 바가 아니지만, 일미一味의 선지禪旨라면 밝게 알지 못하는 것이 없으니, 제방諸方의 어떤 사람이 높이 묻고 자세히 따질 수 있겠는가?'라 말한다."라고 하였다. 이에 어떤 좌주座主가 그 헛된 언설을 듣고 나의 지혜를 시험하고자 무주암에 있는 나를 찾아와 말을 듣고자 하였다.

나는 그의 요청을 물리치지 못하고 곧바로 게송을 드러내 보였다. "누런 잎사귀 계단 가득 어지럽고, 시내 소리 문에 들어와 차갑구려. 나의 종지宗旨를 알고자 하는가? 가을바람에 만산이 취하도다."

좌주는 깊이 음미하고 한참 후에 말하였다. "색깔 색깔이 여래의 색깔이 아니겠으며, 소리 소리가 부처님의 음성이 아니겠습니까?"

나는 대답하였다. "그렇지 않소. 만약 소리와 색깔을 우리 불가의 종지로 삼는다면 소리를 따르고 색깔에 집착하는 삿된 견해와 같을 것입니다.

그러므로 경전에서 '만약 색으로 나를 보려 하고 음성으로 나를 구하고자 한다면 이 사람은 삿된 길을 가는 것이니 여래를 보지 못할 것이다.'[4]라고 하는 것입니다."

좌주는 게송으로 나에게 물었다. "듣자 하니, 스님의 말씀이 분수에 넘치며 지나친 점이 많고, 나의 의심도 아직 해결되지 않아서 질문하고자 하는데 어떠합니까?"

나는 게송으로 답하였다. "나 역시 전하는 말을 들었는데, 시비가 근래에 가장 많다고 합니다. 의심이 있다면 물어서 해결해야 하리니, 연못에 비친 달을 가지고 노는 것이 어떻겠소."

(좌주가) 물었다. "스님께서 불법을 돈오하였다고 들었는데, 그렇습니까?"

(나는) 답하였다. "그렇지 않소. 누가 그런 망설을 한단 말이오. 육조대사께서도 '나는 불법을 알지 못한다.'[5]고 하였고, 옛사람들도 게송에서 '석가도 알지 못하거늘 가섭이 어찌 전할 수 있겠는가.'[6]라고 하였소. 부처님과 조사도 오히려 그러하거늘 하물며 나와 같은 자이겠습니까."

(좌주가) 물었다. "견성했다고 들었는데, 그렇습니까?"

나는 놀라며 답하였다. "이 말은 또 누구의 말입니까. 가벼이 말하지 마십시오. 말하기 좋아하는 사람들이 들을까 걱정됩니다. 경전에서 '이 성性은 평등하여 높고 낮음이 없다.'[7]고 하였습니다. 사람마다 모두 갖추고 있어서 내가 성을 볼 수 있다면 그대도 스스로 볼 수 있는 것이니 성을 본다고 한들 어떻습니까."

좌주가 물었다. "성은 일정한 방향과 처소가 없는데 어찌 볼 수 있겠습니까?"

나는 대답하였다. "그대가 보지 못한다면 내가 어찌 홀로 보겠습니까. 미친 소리가 되지 않겠습니까."

(좌주가) 물었다. "자기 마음을 돈오한다고 하는데 그렇습니까?"

(나는) 답하였다. "경전에서 '마음이 곧 성이고 성이 곧 마음이므로 마음과 성이 한 몸'이라고 하였으니, 어찌 성에 미혹하고서 마음을 깨달을 수 있겠습니까. 이 또한 망령된 설입니다."

(좌주가) 물었다. "선교禪敎의 경전 가운데 개인적으로 이해한 특별한 뜻이 있어서 남들과 많이 다릅니까?"

(나는) 답하였다. "내가 교敎의 글과 선禪의 말에서 어찌 별도로 세운 특별한 견해가 있겠습니까. 다만 글에 의거해 뜻을 이해하여 말씀마다 자기를 돌이켜 보고 구절마다 근본종지에 합치되도록 할 뿐입니다. 만약 잘 모르는 부분이 있으면 하나하나 자세히 묻고 스스로 그 의심을 해결하니, 어찌 상쾌하지 않겠습니까."

(좌주가) 물었다. "스님은 참선하는 자를 보면 반드시 자주 붙잡고 여러 가지로 시험하여 깨뜨리려고 하면서 '사구死句에 집착하지 말라'고 한다는데, 그렇습니까?"

(나는) 답하였다. "그 이유는 나 역시 참선하는 사람으로서 알고자 하여 묻는 것일 뿐입니다. 어찌 다른 사람을 붙잡고서 시험해 보려는 마음을 가지겠습니까. 경전에 '누런 잎사귀는 결코 돈이 아니고,[8] 달을 보거든 손가락을 잊어야 한다.[9]'라는 구절이 있습니다만, 이는 아마도 말에 집착하는 자들을 경각시키고자 설하였기 때문에 사구에 집착하지 말라고 하였던 것이라 생각됩니다."

(좌주가) 물었다. "또 염불하는 사람을 보면 매번 '명호만 외우지 말고 자성미타自性彌陀를 염해야 한다'고 한다는데, 그렇습니까?"

(나는) 답하였다. "그렇습니다. 부처님과 조사가 세운 방편이니 필경 돌아갈 바가 있습니다. 만약 그 이유를 알지 못하고 한갓 명호만을 외운다면 급할수록 느려지고 구할수록 멀어지는 꼴입니다. 그래서 다만 명호만을 외우지 말라고 하였던 것입니다. 하지만 초심자에게는 그렇게 말하지 않습니다."

(좌주가) 물었다. "만약 종사나 학인을 만나면 경론의 오묘한 뜻을 따져 묻고 논쟁에서 이기려고 한다는데, 그렇습니까?"

(나는) 답하였다. "그렇지 않습니다. 내가 경전 가운데 의심나는 것이 있으면 해결을 구하고자 남에게 묻는 것이지 어찌 승부와 투쟁을 근본으로 삼겠습니까. 이것은 부처님의 제자로서 할 바가 아닙니다."

(좌주가) 물었다. "스님은 경전의 법을 강설할 때 '나는 이해했다'라든지 '나는 할 수 있다'라고 자랑하는 말을 자주 하는데 사람들이 모두 그것을 병으로 여깁니다. 어째서 스스로 알아서 고치지 않는 것입니까?"

(나는) 답하였다. "내가 총림을 두루 돌아다니면서 오랫동안 많은 사람을 만났는데, 말에 집착하는 자는 많고 종지를 이해한 자는 적었습니다. 그래서 자주 격발하는 말을 하여 듣는 자로 하여금 그 잘못을 돌이켜 보도록 한 것인데 자신의 과오는 살피지 않고 도리어 나의 잘못을 비방하니, 병으로써 병을 공격하고 결박으로써 결박을 풀어 주려는 꼴이로구려. 이미 한 치의 공도 없고 장척丈尺의 잘못이 있는 줄 알았으니, 어찌 그대의 말을 빌려서야 비로소 알겠습니까."

(좌주가) 물었다. "스님은 스스로 수승한 이해를 하고 있다고 과장하고 스스로 세상을 초월한 재주를 얻었다고 자랑하니, 어째서 그렇습니까?"

(나는) 답하였다. "나는 천 권의 경전을 암송하지도 못하고 만 권의 책을 읽지도 못했으며 여러 스님의 논소도 깊이 연구하지 못했고 백가百家의 편장篇章도 해석하지 못했습니다. 문장으로는 한유韓愈[10]와 유종원柳宗元[11]만 못하고 시詩로는 이백李白[12]과 두보杜甫[13]를 본받지 못했으며 글씨로는 왕희지王羲之[14]와 장지張芝[15]의 필법을 익히지도 못했는데 어찌 세상을 초월한 재주를 자랑하겠습니까. 게다가 지혜는 신자身子[16]에게 미치지 못하고 변설로는 만자滿慈[17]보다 못하며 도道로는 도안道安[18]과 구마라집鳩摩羅什[19]에 비하지 못하고 덕으로는 혜능慧能[20]과 신수神秀[21]에게 미치지 못하며 견해로는 마명馬鳴[22]과 용수龍樹[23]만 못한데 어찌 수승한 이해를 하

고 있다고 과장하겠습니까. 비록 하늘과 땅을 움직일 수 있는 묘술이 있고 하늘 사람을 제도할 수 있는 뛰어난 재주가 있다고 한들 어찌 미쳤다고 남들에게 자랑하다가 도리어 비방을 받겠습니까. 생각해 보니, 지난 을유년(1645) 겨울에 취암翠嵒에게 법문을 청하였는데 어느 날 갑자기 「십법계도」의 '부처를 염하여 마음을 염하고 마음을 염하여 부처를 염한다.'라는 말과 대혜 종고大慧宗杲[24]가 여呂 사인舍人에게 '그대가 공에 떨어질 것을 두려워하는데 능히 두려움을 아는 것은 공한가, 공하지 않은가.'[25]라고 한 말에 대해 의심이 생겼습니다. 그 후 송파松坡 대사[26]가 반야진공의 뜻에 대해 강설한 것을 듣고 이로부터 후회하여, 세간은 무상하여 즐거워할 만한 것도 하나 없음을 혼자 생각하였고, 많은 병이 있는 허깨비 이 몸은 오래 이 세상에 머무를 수 없음을 통렬히 생각하였습니다. 이에 신묘년(1651)에 혼자서 지리산 서대西臺에 들어가 이 문제에 대해 전심으로 궁구하였습니다. 그러다가 예기치 않게 벽암碧巖 대사[27]에게 부름을 받고 속리산 법주사에서 겨울을 지냈습니다. 임진년(1652) 봄에는 곧장 치악산에 들어가 새벽 아침에 면벽수행 하였습니다. 1년 후 계사년(1653) 봄에 멀리 금강산 정양사正陽寺에 가서 풍담風潭 대사[28]에게 선을 묻고 『전등록』과 『선문염송』을 열람하여 선에 두 맛이 없음을 알았습니다. 그리고 『화엄경』을 보고자 하였지만 병으로 이루지 못하였습니다. 다시 치악산 금선사金僊寺로 가서 하나하나의 문제에 깊이 몰두하여 부처는 마음 밖에 있는 것이 아니고 법은 성性 밖에 있는 것이 아님을 알았습니다. 기해년(1659)에 상원사上院寺에서 여름 결재하였는데 우리나라 명승지를 유람하던 선납禪衲들이 운집하였고, 이로 말미암아 나에 대한 시비가 남북으로 전해졌으니 그것을 한탄한들 어찌하겠습니까."

좌주가 듣고 웃음을 숨기면서 게송으로 비꼬아 말하였다. "면벽을 오래 했다고 한다면 어찌 경서를 배울 겨를이 있었겠습니까. 경전 장구의 말씀을 널리 설하지만 처음과 끝의 말이 같지 않습니다."

나는 그의 비웃음을 알았지만 게송으로 답하였다. "본래 정해진 법을 설함이 없고 헛된 말을 드러내지도 않으니 유무 밖을 초월한 것이 원래 나의 선이라오."

(좌주가) 물었다. "자심이 선이고 자성이 법이라고 한다는데, 그렇습니까?"

(나는) 답하였다. "그렇습니다. 달마는 '마음으로 마음을 전하고 문자를 세우지 않는다.'[29]라고 하였고, 마조는 '마음이 곧 부처다.'[30]라고 하였으며, 『능가경』에서는 '부처님의 말씀과 마음을 으뜸으로 삼는다.'[31]라고 하였으니, 이것이 자심이 선이라고 말하는 이유입니다. 경전에서 '진성은 만법의 근원이다.'[32]라고 하였으니 모든 성인의 어머니입니다. 이 때문에 자성이 법이라고 말하는 것입니다. 어찌 나의 억지스런 말이겠습니까."

(좌주가) 물었다. "선교의 부사의不思議한 말을 스님이 통달하여 알지 못하는 것이 없다고 한다는데, 그렇습니까?"

(나는) 답하였다. "이것은 가소로운 말입니다. 가령 부사의한 말은 부처와 조사도 의론하지 않는데 하물며 나 같은 범부가 어찌 생각하여 의론할 수 있겠습니까. 설령 나무하는 초동과 가축 기르는 목동이라도 부사의한 설을 듣는다면 어찌하지 못함을 알 터인데 내 나이 40이 되어 어찌 그것도 모르고 선과 교 사이에서 함부로 생각하여 의론하겠습니까."

(좌주가) 물었다. "능히 화두와 공안을 이해한다고 하던데, 그렇습니까?"

(나는) 답하였다. "화두는 언어가 미치지 못하는 상두上頭이고, 공안은 세간과 출세간의 공문公文입니다. 부처와 조사가 상상上上 근기인을 만났을 때 형용하는 언어 밖의 뜻으로 철을 끊어 내는 언구입니다. 언어는 이를 수 있지만 뜻이 이르지 않고, 입은 비록 말하지만 마음이 측량하지 못합니다. 그렇다면 계산하고 비교해서 얻을 수 있는 것이겠습니까? 천착해서 얻을 수 있는 것이겠습니까? 비록 동으로 된 혀가 있고 철로 된 부

리가 있는 자가 설법을 하여 하늘 꽃이 어지러이 떨어지고 돌이 고개를 끄덕이더라도 이 화두는 의론하기 어려운 것입니다. 그래서 '삼세의 모든 부처님이 벽 위에 입을 걸어 두고, 역대 조사들이 풀 속에 몸을 숨긴다'고 하였던 것입니다."

(좌주가) 물었다. "사람들이 전하는 말에 스님은 법에 잘못 집착해 있다고 하는데 어쩌다가 그렇게 되었습니까?"

(나는) 답하였다. "나는 태어나서 지금까지 눈은 가로 놓여 있고 코는 곧으며 머리는 하늘로 향하고 다리는 땅을 향하고 있으니, 상하上下에 잘못 집착하지 않습니다. 밝음은 낮이고 어둠은 밤이며 앞은 남쪽이요 뒤는 북쪽이니, 사연四緣에 잘못 집착하지 않습니다. 꽃이 피면 봄인 줄 알고 낙엽이 지면 가을인 줄 아니, 사시四時에 잘못 집착하지 않습니다. 불법에 있어서는 유무중도有無中道[33]에 집착하지 않고 또한 무주무위無住無爲[34]에 집착하지 않으니, 불법에 잘못 집착하지 않습니다. 어떤 사람이 마음 밖에 선의 길과 부처의 법이 있다고 하여 공적空寂에 막히거나 언어에 집착하여 밖을 향해 내달려 구한다면 이런 사람을 잘못 집착한다고 해야 할 것입니다. 그러나 나는 이러한 견해가 없으니 어찌 잘못 집착한다고 할 수 있겠습니까. 만약 실제實際에 의거하여 관찰한다면 원교圓敎 이외에 잘못 집착하지 않음이 없습니다. 왜냐하면, 아함의 사유四有[35]에 머물러 있는 사람은 반야회般若會에 이르러서도 유有에 집착하는 것을 면하지 못하며, 반야의 입공入空에 머물러 있는 사람은 법화·열반회에 이르러서도 공에 집착하는 것을 면하지 못하고 원교의 보살에 이르러서도 능히 중생을 제도하지 못함을 면하지 못합니다. 이로써 말하건대, 누가 잘못이며 누가 잘못이 아닌지를 알지 못하겠습니다."

(좌주가) 물었다. "풍문에 스님은 외도법을 설한다고 하는데, 그렇습니까?"

(나는) 답하였다. "나는 어려서부터 지금까지 몸은 불교에 들어와 처신

이 벗어나지 않았고, 마음은 부처님 마음에 있으므로 마음을 씀이 벗어나지 않았으며, 이해는 바른 지혜에 합치하여 이해가 벗어나지 않았고, 행동은 계율에 계합하였으므로 행동이 벗어나지 않았습니다. 도에 있어서는 정도正道의 길을 갔으니 도에서 벗어나지 않았고, 법에 있어서는 진법眞法에서 본받았으니 법에서 벗어나지 않았으며, 말은 경전에서 나왔으니 말이 벗어나지 않았고, 교敎는 본심을 곧장 설하는 원돈圓頓을 으뜸으로 삼았으니 교가 벗어나지 않았습니다. 오직 선에 있어서만큼은 이심전심의 격외선을 숭상하였는데 이것이 외도란 말입니까? 만약 이것이 외도법이라면 내가 이것을 어찌하겠습니까? 사람들이 나를 비난하더라도 나는 달게 받을 것입니다. 만약 어떤 승려가 속된 법을 익혀 유교와 도교를 배웠는데, 견해는 치우쳐 삿되고 행동은 계율을 어기며 마음 씀이 굽어 있고 처신이 바르지 못하다면, 이것을 괜찮다고 할 수 있겠습니까? 법을 벗어나는 것이라면 나에게는 그러한 행이 없으니, 어찌 외도법이라고 말할 수 있겠습니까? 만약 실제에 의거해 논한다면 묘각妙覺[36]에 이르기 전에는 외도법 아닌 경우가 없습니다. 왜냐하면, 세속제世俗諦를 닦는 것은 진제眞諦의 밖이고 진제를 닦는 것은 제일의제第一義諦의 밖이기 때문입니다. 십신十信은 삼현三賢의 밖이오, 삼현은 십성十聖의 밖이며, 십성은 등각과 묘각의 밖이기 때문입니다. 묘각이라는 말은 실제 이치의 밖입니다. 이로써 논하건대, 역시 무엇이 밖이고 무엇이 밖이 아닌지를 알지 못하겠습니다."

(좌주가) 물었다. "스님은 다만 돈오의 이치만 설하고 수행에 대해서는 말하지 않는다는데, 그래도 괜찮습니까?"

(나는) 답하였다. "어찌 그리도 우매하십니까. 만약 종사 같은 선지식이라면 병에 따라 약을 주고 근기에 맞게 설법하여, 마치 구슬이 쟁반 위에 굴러다니는 것 같고 거울이 대臺에 알맞게 있는 것과 같을 것이니, 어찌 하나의 법에만 국한되겠습니까. 수행이 없는 자에게는 계율 수행을 설

하고, 아직 깨닫지 못한 자에게는 돈오의 이치를 설하며, 방일한 자에게는 근면히 수행할 일에 대해 설하는 것이 좋을 것입니다. 위로부터 부처님과 조사 중에 그 누가 아직 깨닫지도 않았는데 먼저 수행하라고 설했습니까. 그 많은 경론 중에 다만 수행만을 설하고 돈오를 설하지 않은 것이 어디에 있습니까. 근거 없이 떠돌아다니는 말을 믿지 말아야 합니다."

(좌주가) 물었다. "돈오라는 것이 어찌 헛되이 앉아 있다가 스스로 깨닫는 경우가 있겠습니까? 응당 부지런히 공부해서 그 공력이 지극해져서 깨달음을 얻는 것이니, 마치 부스럼의 농이 가득 차서 저절로 터지는 것과 같은 것입니다."

(나는) 답하였다. "먼저 닦고 뒤에 깨닫는 것은 삼승교三乘敎 권점權漸의 근기[37]이고, 의리선 점삼대漸三隊의 근기이니, 북종의 점수라면 그대가 아는 바입니다. 규봉은 (신수 대사의 게송에 대해) '염染과 정淨이 연기하는 모습이고 흐름을 거슬러 습기를 등지는 문으로 아직 깨달음이 투철하지 않은 것이니, 그 수행이 어찌 진실하다고 하겠습니까.'[38]라고 평가하였는데, 우리 돈종頓宗에서는 본래 그대의 설과 같은 것이 없습니다. 대체로 종사들은 법에 의거하여 말을 떠나서 곧장 진실한 법을 보여 줍니다. 혹은 한참 후에 몽둥이로 때리거나 할喝을 하고, 혹은 탁자를 치거나 불자를 들어올리며, 혹은 지극한 이치를 설하거나 본심을 가르칩니다. 만약 과량過量[39]의 큰 놈이라면 하나하나의 언구와 하나하나의 기경機境[40]에서 그 이면의 소식을 투철하게 깨닫고 시간을 뛰어넘는 무생법인無生法忍[41]을 철저히 증득하여 모든 부처님의 과덕과 털끝만큼도 어긋나지 않을 것입니다. 깨달음에 의거한 후에 닦아 증득하는 것은 마치 사람이 물을 마시고 나서야 차가운지 따뜻한지를 아는 것과 같습니다. 규봉이 '이 마음을 깨닫고 난 후에도 만약 혼침惛沉이 두터워 공부할 마음을 일으키기 어렵고, 도거掉擧가 맹렬하여 억제시켜 항복받을 수 없으며, 탐심과 성냄이 치성하여 경계를 접할 때 마음을 제어하기 어려운 자는 공교空敎와 상교相敎의

여러 방편을 사용하여 병에 따라 다스려야 한다. 만약 번뇌가 미약하고 지혜가 밝은 자라면 본종本宗 본교本敎의 일행삼매一行三昧에 의거한다.'⁴²라고 하였습니다. 만약 아직 깨닫지도 않았는데 먼저 수행할 것을 논한다면 마치 맹인이 동쪽으로 가고자 하면서 서쪽으로 가는 것이고, 자심을 깨닫지 못했다면 설령 염불하고 참선하여 진겁塵劫이 지나더라도 헛되이 괴로운 수행만을 일삼는 것이고 공은 있지만 이익이 없는 것입니다. 경전에도 이에 대해 밝힌 글들이 있지만 번거로워 자세히 거론하지 않겠습니다."

(좌주가) 물었다. "스님이 설하는 범부의 견성법은 가능한 것입니까?"

(나는) 답하였다. "가능합니다. 모든 부처님과 조사가 범부를 위해 백천 가지 방편을 개설하였지, 제불諸佛을 위해 개설했다는 말은 들어 보지 못했습니다. 범부가 우매하게도 자성을 돌이키지 않고 망령되이 온갖 경계를 쫓아다녀 헛되이 윤회하기 때문에 모든 부처님이 자비심으로 진실한 법을 설하되 방편으로 견성의 법을 베푸셨던 것입니다. 이른바 '천 개의 경전, 만 개의 논서가 모든 중생으로 하여금 견성하여 성불하게 하는 법을 설하였다.'라는 것입니다."

(좌주가) 물었다. "고금에 성품을 보고 도를 깨달은 사람은 제일 처음에 좋은 벗(善友)을 만나 화두를 직접 받았으며 스스로 공부하여 그 공력이 지극해져 스스로 깨달았습니다. 그런데 스님은 '스승의 여러 가지 지시가 능히 제자들을 견성하도록 한다.'라고 하니, 망령된 것 같습니다."

(나는) 답하였다. "고금에 견성한 사람이 만약 스승을 통하지 않고 깨달았다면 부처님과 조사로부터 스승과 제자가 전수했던 것은 무엇이겠습니까. 하늘 아래 만 가지 형상은 모두가 모범模範에 의거하여 성질을 이루듯이, 고금의 성현들은 모두 스승의 가르침에 의거하여 도를 이루었습니다. 『전등록』에 실린 1,721인 가운데 누가 스승 없이 깨달음을 얻었습니까. 현책玄策 선사는 일숙각一宿覺⁴³에게 '위음왕 이후 스승 없이 스스로

깨달았다고 하는 자는 모두 자연히 외도이다.'라고 하였습니다."

(좌주가) 물었다. "듣자 하니, 스님은 '진실로 성실하게 공부할 자는 좋은 벗에 의지하여 그 가르침대로 닦고 지녀야 한다'고 하는데, 날마다 스승 앞에 왔을 때 스승이 배우는 자로 하여금 답변하도록 한다면 공부가 어떻겠습니까? '병에 따라 약을 주어서 다른 길로 가지 않도록 한다.'[44]라는 것이지만, 내 생각에는 도리어 그 마음을 착란되고 혼란되게 할 것 같습니다."

(나는) 답하였다. "근기가 낮고 늦게 배운 자가 아직 법의 이치를 알지 못하고 마음의 근원을 통달하지 못한 상태에서 홀로 거처하면서 공부한다면 마치 아기가 부모를 잃은 꼴이고 맹인이 지팡이를 잃은 꼴입니다. 비유하자면, 어려서 부모를 잃고 멀리 타향살이하던 눈먼 아이가 사방에 아무런 친척도 없이 가난하고 추운 고통에 살면서 하소연할 곳도 없었는데, 어느 날 저녁에 갑자기 다른 사람으로부터 부모와 친척이 어느 나라 어느 지방에 부자로 살고 있다는 소식을 듣게 된다면 매우 기쁜 마음으로 고향을 아는 사람이 있는 곳에 나아가 수없이 찾아가서 지성으로 묻고 바르게 믿을 것입니다. 직접 그 말을 듣고서 비록 친척의 이름과 고향까지의 거리를 알게 되더라도 스스로 밝은 눈이 없어 어디로 가야 할지 모름을 한탄하고, 항상 고향을 아는 사람을 가까이하면서 고향에 인도해 주기를 부지런히 기도하기를 그치지 않을 것입니다. 고향을 아는 사람은 마침내 대비심을 내어 그 지극한 정성을 보고, 그 의지할 데 없음을 애처롭게 여기며 그 가난함을 불쌍히 여겨, 고향으로 인도해 가되 손을 잡고 이끌 때에는 산과 냇물을 잘 건너도록 해주고, 험한 곳을 안전하게 지나도록 해 줄 때에는 자애롭고 부드럽게 이끌어 주면서도 눈살을 찌푸리며 질타하기도 하여 물러날 생각을 일으키지 않도록 하고, 서두르다가 잘못 가지 않도록 하여 긴장시키기도 하고 풀어 주기도 하면서, 중도를 얻어 곧장 고향에 도달하여 직접 그 부모를 만나도록 할 것입니다. 그런 연후에

각각 남북으로 헤어지면서도 서로 아무런 회한이 없는 것입니다. 초심자의 공부 역시 밝은 스승을 찾아가 법을 듣고 믿음을 일으켜 돈오하며, 그리고 마지막의 닦고 증득하는 대사大事를 물어본 연후에 홀로 거처하면서 인연 따라 자유롭게 수용한다면 무슨 허물이 있겠습니까. 옛날에 고봉 선사도 설암을 만나지 못하고서 헛되이 3년을 보낸 후에 설암이 격발해 주어 대사를 이루었습니다. 그러나 사람들마다 다양한 근기가 있고 법에도 다양한 뜻이 있어서 일정한 법이나 일정한 수행의 설은 없습니다."

(좌주가) 물었다. "견성한 사람은 곧 여여불如如佛입니다. 그런데 지금 견성했다고 말하는 사람들은 신통을 드러내지 못하고 담 너머의 일도 알지 못하니 헛된 줄 알겠습니다."

(나는) 답하였다. "비록 견성하였더라도 아직 신통 변화를 드러내지 못합니다. 규봉이 말하지 않았습니까. 병이 아직 회복되지 못한 것과 같다고. 옛사람이 '도력이 아직 충족되지 못하였다'고 하였고, 경전에서 '견성하면 곧 부처와 같다.'라고 말한 것은 성구문性具門[45]에 의거한 설이고 공행功行을 갑자기 마친다는 말이 아닙니다. 만약 공행문에 의거한다면 어찌 숙성시키는 것이 없겠습니까. 그러므로 '공력이 아직 성인과 같지 않다'고 말하는 것입니다. 경전에서 '널리 일체중생을 보니 여래의 지혜 덕상德相을 갖추지 않은 이가 없다.'라고 하였는데 어찌 다만 깨닫고 난 후라야 부처와 같다고 말하겠습니까. 대개 범부의 견성은 모든 부처와는 매우 다릅니다. 왜냐하면, 모든 부처는 수 겁의 세월 동안 견성이 명료하여 망상이 이미 끊어져 신통 변화가 자연히 드러납니다. 마치 물이 맑으면 그림자가 드러나고 구름이 사라지면 달이 밝게 나타나는 것과 같습니다. 범부는 비록 자성청정과 자성해탈을 얻더라도 아직 이구청정離垢淸淨[46]과 이장해탈離障解脫[47]을 얻지 못하여 망상이 아직 있고 번뇌가 아직 끊어지지 않으며, 성품에 비록 신통묘용이 있지만 막혀서 통하지 못하고 숨어서 드러나지 못합니다. 마치 구름 가운데 있는 달과 같고 흐르는 물 가운데

있는 그림자와 같습니다. 그래서 '얼음이 있는 연못이 온전히 물인 줄 알면 따뜻한 양기를 빌려 점차 녹이고, 범부가 곧 부처인 줄 알면 수행을 빌려 점차 이룬다.'[48]라고 하였습니다. 대개 신통 변화는 성인의 하찮은 일이니 비록 간혹 신통을 드러낼 때에도 사람을 놀라게 하거나 세상을 현혹시키는 일 따위는 하지 않는 것입니다. 그러므로 중생의 근기에 맞게 모습을 드러낸 성현들은 보통 사람들 가운데 살면서 오묘하게 만물을 쓰고 상황에 따라 중생을 제도하는 것이니 이것을 '평상시의 진실한 방편'이라고 할 수 있을 것입니다. 혹시 신통 변화를 드러내는 경우는 마군에게 항복 받고 삿됨을 꺾으며 귀신을 두렵게 하기 위해서이니, 절대로 봄에 밭에서 씨를 거두어들이지 말며 또한 근본을 버리고 지말을 쫓아서도 안 됩니다."

(좌주가) 물었다. "어떤 사람이 기이한 일을 드러낸다면 어떻습니까?"

(나는) 답하였다. "만약 기괴한 일을 가지고 부처의 신통이라고 한다면, 천마외도天魔外道나 신선환사神仙幻士도 기이하고 특별한 술수가 있다면 부처라고 할 수 있겠습니까. 그리고 용은 비를 내리는 능력이 있고, 이무기는 성城을 변화시키는 상서를 가지고 있으며, 자석은 철을 당기는 신령함이 있고, 나무는 밤을 밝히는 빛을 가지고 있으니, 이것도 기이한 것이어서 부처의 신통 변화라고 할 수 있겠습니까. 만약 신통으로써 정正을 삼는다면 우두 법융牛頭法融[49]이 4조 도신道信[50]을 본 후에 '꽃을 머금은 백조百鳥가 오지 않고 완석이 고개를 끄덕이지 않은 것'을 잘못이라고 하겠습니까. 운거 도응雲居道膺[51]은 항상 하늘의 공양을 받았으니 희유한 일인데도 동산 양개洞山良价가 어찌하여 질책했겠습니까."

(좌주가) 물었다. "부처님이 신통 변화가 있다면 범부도 그러할 터인데 사邪와 정正을 어떻게 구별할 수 있습니까?"

(나는) 답하였다. "정법안장 열반묘심에서는 사와 정이 본래 공하고 범부와 성인이 없으며 나와 남이 모두 사라지고 능能과 소所가 함께 없어져

제법이 본래부터 항상 적멸한 모습이고, 티끌 티끌의 모든 세상이 원래 비로자나 화장세계며 색깔 색깔 소리 소리가 모두 본래 공겁 이전의 법신입니다. 별도로 염화미소를 전한 선종은 삼라만상에 펼쳐 드러나고, 영축산 법회에서 설하신 방광方廣[52]의 진실한 법문은 삼라만물에 널리 퍼졌습니다. 그래서 정명淨明(유마거사)이 '밝고 밝은 온갖 풀잎은 분명하고 분명한 조사의 뜻이오, 백억 겁토록 활발한 석가는 봄바람에 취해서 춤추도다.'[53]라고 하였던 것입니다. 방龐 거사는 '일상에 별다른 일 없이 오직 스스로에게 합치할 뿐, 이것저것 취하거나 버리지 않으니 어디서든지 어긋나지 않는다.'[54]라고 하였으며, 영가 현각은 '대천세계의 바다 거품이요, 모든 성현은 번갯불처럼 번쩍하고 사라지는 것이다.'[55]라고 하였습니다. 사람마다 본래부터 이와 같은 이치를 가지고 있으니, 만약 이렇게 설하고 이렇게 들으며, 이렇게 생각하고 이렇게 깨달으며, 이렇게 닦고 이렇게 증득한 종사를 만난 후에 여러 지방의 선지식에게 나아간다면 선사와 강주도 이러한 법으로써 각자 이해하는 바에 따라 각각 자신의 생각을 설할 것입니다. 그 언설은 비록 다르더라도 의미는 이러한 이치에 함께 돌아갈 것이니, 이러한 이치가 머리부터 발끝까지 투철하여 금강왕보검金剛王寶釰의 말후대사末後大事[56]를 얻었거든 다시 산속에 들어가 마음대로 가지고 놀면서 푸른 물 푸른 산에서 자유로이 소요하고, 가을 달 봄바람 속에서 마음대로 편안히 쉬며 무위자연을 즐기고 걸림 없음을 담연히 여긴 후에, 널리 유교와 불교를 섭렵하여 두루 경서를 열람하고 만법의 근원을 궁구하여 천성千聖의 골수를 철저히 알아야 합니다. 그렇게 된다면, 사와 정의 옳고 그름과 범과 성의 높고 낮음과 나와 남의 같고 다름과 선과 교의 근원과 지류와 만법의 이理와 사事가 천차만별로 분명하게 마음과 눈 사이에 드러나서, 마치 밝은 해가 하늘에 걸려 있는 것과 같고, 밝은 거울이 대臺에 있는 것과 같으며, 아름답고 추함을 속이지 못하고 한 터럭도 숨기지 못하는 것과 같을 것이니, 어찌 스스로 구하지 않겠습니까. 이러한 오묘한 깨달음, 이러한 진정한 수행을 다만 범부의 알음알이에 집착하여 성인의 영역을 의심한다면, 천 가지 만 가지 의심이 일어나 눈 속에 먼지 풍뎅이가 생기고 가슴속에 연기가 일어나 궁겁토록 없애기 어려울 것이니, 비유하자면 허공을 헤집지만 스스로를 더욱 힘들게 할 뿐입니다."

(좌주가) 물었다. "사자는 여우와 살쾡이의 무리와 놀지 않고 까마귀는 봉황의 울음소리로 울지 않습니다. 범부의 설은 범부의 말이고 성인이 있는 곳은 성인의 영역입니다.【서로 문자를 드러낸다.】 그런데 지금 사람들은 성언량聖言量[57]을 끌어다가 자기의 견해라고 하니, 범용한 사람이 함부로 제왕을 칭하는 것과 같습니다. 어찌 큰 죄가 없겠습니까?"

(나는) 답하였다. "성인은 범인의 무리에 섞여 있어서 쉽게 구별하기 어렵고 범인이 성인이 되는 것은 한순간이니, 용과 뱀이 섞여 있는 것처럼 범인과 성인이 섞여 있습니다. 그러므로 옛사람들은 '사람 가운데 있는 사람을 그 누가 알겠습니까, 물고기가 아닌 것이 물고기를 알기 어려운 것처럼.'[58]이라고 하였던 것입니다. 물고기가 변하여 용이 되지만 그 비늘을 고치기는 어렵고, 범인이 변하여 성인이 되지만 그 얼굴을 고치기는 어렵습니다. 나는 성현이 아니니 어찌 성현이 성현 된 이유를 알겠습니까. 『법화경』에 '부처님은 스스로 연등불에게 수기를 받아 성불하였다.'라고 하였고, 또 '삼세제불을 내가 모두 교화하여 성불하게 했다.'라고 하였습니다. 「선재남유기善財南遊記」[59]에는 '오십삼 선지식은 모두 관세음보살의 응신이다.'라고 하였고, 『신선통감神仙通鑑』[60]에는 '역대 제왕의 스승과 속세 밖에 있는 많은 신선은 모두 한 명의 노자가 내려온 신이다.'라고 하였습니다. 이로써 논해 본다면, 누가 범인이고 성인인 줄 알아서 그 지견과 행동을 구별할 수 있겠습니까. 군자는 3일 동안만 헤어져 있어도 눈을 비비고 마주해야 한다고 하였으니, 현재의 인간 세상사도 알기 어려운데 하물며 천만 겁 가운데 윤회하면서 살아온 인연들의 업보를 부처님 같은 지견이 아니라면 누가 능히 밝게 알겠습니까. 사자와 봉황 등의 금수

는 서로 두려워하므로 피차가 조화를 이루며 살지 못하고, 일반 백성과 제왕은 평소 귀천으로 구분되어 있으므로 상하를 범할 수 없습니다. 세상의 법과 축생의 무리로써 함부로 '범인이 변하여 성인이 되는 오묘한 뜻'을 논의해서는 안 되는 것입니다."

(좌주가) 물었다. "서로 힐난하는 것을 우선 멈추고, 감히 청하건대, 나에게 선禪에 대해 설하여 오묘한 뜻을 깨닫게 해 주기 바랍니다. 그렇게 된다면 여러 곳의 사람들 역시 믿고 비난하지 않을 것입니다."

(나는) 답하였다. "나에게는 본래 설할 선이 없고, 또한 오묘한 뜻도 없습니다. 그러나 보여 주기를 요구하면 보여 주고, 설하기를 바라면 설합니다. 그대가 뜻이 굳센 사람이 아니라면 설하고 보여 준들 무슨 의미가 있겠습니까. 나는 격외의 현묘한 문으로 그대가 절벽을 바라보고 있음을 알고 있으니, 바람 소리만 듣고도 도망치는 사람이 되어서는 안 됩니다. 그러나 그대는 배운 바의 경론으로 다만 언어문자에 집착하는 것을 이해라 여기고 언어 밖의 현묘한 이치를 알지 못하니, 죽을 때까지 의리에 구애되어 남의 보배만을 헤아리고 헛되이 옳고 그름을 다투며, 아만我慢을 증대시키고 기쁨과 분노가 빈번하게 일어날 것입니다. 이것이 그대의 참선이라면 더 이상 어찌 선을 설하겠습니까. 다만 그대를 위해 선을 설할 만한 것이라면 고봉高峯 선사가 이통 상인理通上人에게 보여 주었던 말,[61] 대혜 선사가 여呂 사인舍人에게 답했던 글,[62] 본정本淨이 양가兩街의 선승에게 했던 말,[63] 우두 선사가 박릉왕에게 대답했던 말,[64] 규봉 선사가 사史 산인山人에게 했던 말,[65] 달마가 육종六宗을 깨뜨렸던 일[66]들이 있습니다. 이 모든 이야기들이 그대에게 설할 만한 것이지만 그대도 이미 알고 있을 것이므로 번거롭게 거론하지 않겠습니다. 그대는 스스로 생각해 보십시오."

(좌주가) 물었다. "이렇게 천시하고 비난하면서 선학禪學에 대해 설해 주지 않는다면 후인들이 어디서 조사의 뜻을 들을 수 있겠습니까. 원컨대

한마디 설해 주기 바랍니다."

(나는) 답하였다. "나는 자주 그대와 같은 사람들을 만나 물음에 따라 설해 주었습니다. 그런데 그들은 이름과 모습에 집착하는 견해로써 제멋대로 언설을 해석하면서 빈 메아리 같은 소리만을 받아들입니다. 그리고 오히려 자신의 견해로써 다른 사람들에게는 '어느 산 어느 스님의 지견과 행동이 이와 같다'고 말합니다. 한 사람이 전하면 빈 소리에 불과하지만 만 사람이 전하면 실제가 되어 대중의 입이 금金을 벗겨 내는 것입니다. 후회한들 어쩌겠습니까. 그대가 만약 진심으로 선에 대해 듣고자 한다면 조용한 곳으로 가서 면벽하여 마음을 궁구하십시오. 그렇게 30년이 지난 후라야 나의 돈증頓證에 대해 들을 수 있을 것입니다. 부처님이 말씀하시기를 '다시 와서 재차 요청한다면 나 역시 어쩔 수 없이 몸이 없어도 몸을 드러내고 설이 없어도 설을 드러내어, 허공을 입으로 삼고 번개를 소리로 삼으며, 바람과 비를 언어로 삼고 강과 바다를 뜻으로 삼으며, 진흙 뭉치로 큰 광명을 발하고 초목 그릇으로 주변을 장엄하며, 수없이 많은 성현들을 증명법사로 삼고 미진수의 중생을 권속으로 삼은 후에, 법신의 저 위와 위음왕의 저쪽에 있는 본분의 소식을 궁겁토록 설하되 시작도 없고 끝도 없을 것이다.'라고 하였습니다. 그대 역시 들음이 없는 가운데 들음을 일으켜 무심의 마음과 무념의 생각으로 듣고 사량해 보십시오. 즉 들음이 곧 설함이고, 설함이 곧 들음이며, 듣고 설함을 함께 잊는다는 것도 잊어버린다면, 이것은 무엇이겠습니까. 빨리 말해 보시오, 빨리 말해 보시오. 설했습니까, 설하지 않았습니까. 진중하기 바랍니다."

좌주는 듣고 망연히 입을 다물지 못하다가 일어나 사례하며 두 번 절하고 나갔다. 그 후로 더 이상 좌주는 나의 거처에 나타나지 않았다. 나도 좌주가 가는 것을 보지 못하였다. 스스스 솔바람 소리, 괄괄괄 시냇물 소리, 어렴풋한 두 늙은이의 오묘한 담론이로다.

示經論大德語

月峯無住庵昭然子。幼入空門。少學禪觀。不滯經論之名言故。外似斥敎。唯窮宗敎之至理故。內似徹悟。其爲心也質直。不隱自見。其爲言也迅速。卽答問難。有客不肯譏毁衆中曰。某山昭然子自矜云。三乘分敎。非吾所習。一味禪旨。無不洞曉。諸方若有人高問廣詰者否。有一座主。聞其虛說。欲驗其智。詣于无住庵。求語昭然。昭然子莫逆其請。卽以偈示之曰。滿階黃葉亂。入戶澗聲寒。欲識吾宗敎。秋風醉萬山。座主沈吟久之曰。无乃色色如來色。聲聲是佛聲麽。昭然子曰。不然。若以聲色。爲吾家宗敎。猶是隨聲着色之邪見。故經云。若以色見我。以音聲求我。是人行邪道。不能見如來。座主以頌謂昭然曰。聞說吾師語過頭越分多。吾疑猶未決。欲問意如何。昭然偈答曰。我亦聞傳語。是非近最多。若疑須問決。潭月撮摩何。問曰。聞師頓悟佛法是否。答曰。不然。是誰之妄說耶。六祖云。我不會佛法。古人頌云。釋迦猶不會。迦葉豈能傳。佛祖尙爾。而況如我者乎。問曰。憑聞見性云是否。昭然驚曰。此亦誰言也。輕莫出口。恐聞多口者也。經云此性平等。无有高下。人人具有。我若能見。汝亦自見。見之何也。座主曰。性無方所。何有得見。昭然曰。汝若不見。我何獨見。不得狂說也。問曰。頓悟自心云是否。答曰。經云心則性。性則心。心性[1]一體。何有迷性而悟心耶。此亦妄說也。問曰。禪敎經中。私解異旨。逈異他人是否。答曰。我於敎詮禪談。那有別立奇特之見耶。但依文解義。而言言回就自己。句句冥合本宗也。若有未審。一一詳問。自決其疑。有何不快哉。問曰。師見叅禪者。必須頻頻援着。種種勘破。云莫執死句。是否。答曰。所以然者。吾亦禪者。要知爲問耳。豈以援人勘他爲心哉。經有黃葉竟非錢。見月忘指之言。愚以謂警覺執言者而說。故云莫着死句也。問曰。又見念佛人。每云但莫誦名。須念自性彌陁。是否。答曰。是也。佛祖所立方便。竟有所歸。若不知所以 徒誦名言。轉急轉遲。逾求逾遠。故云莫誦唯名。而不爲初機者說也。問曰。若遇宗師學人。詰問經論之妙旨。以勝爲得。是否。答曰。此是不然。吾於經中有疑。求決故問他。何以勝負鬪諍爲本哉。此非釋子之所爲也。問曰。師於經法講說時。我解我能之誇言。頻出於口。人皆病焉。何不自知必改也。答曰。我徧歷叢林。久閱多人。執言者衆。秉旨者少。故頻說激發之言。欲令聽者。反察其非。而不察其過。反誹吾非。所謂以病攻病。以縛解縛。已知功無分寸。過有丈尺。豈假汝說始自知耶。問曰。師也自誇有勝大之解。自逞得超世之才。云何如。答曰。若予者。經不誦千軸。書不讀萬卷。未窮諸師之疏論。不繹百家之篇章。文不齊韓柳。詩不效李杜。筆不習王張。豈逞超世之才。況又智不及身子。辯不能滿慈。道不幷安什。德不侔能秀。見解不齊馬龍。何誇勝大之解耶。雖得動乾坤之妙術。濟天人之英才。何狂自矜於人。反招毀譏耶。窃念昨於乙酉之冬。請益於翠岩。忽於一日疑着。十法界圖云。念佛念心。念心念佛之言。密領妙喜。謂呂舍人云。公怕落空。能知怕者。是空耶不空耶之言。其後深聞松坡大師。講般若眞空之義。從此改悔自念。无常世間。无一可樂。痛思多病。幻身不可久住。辛卯年之間。獨入智異西臺。專心欲究此事。不期被召於碧岩大師。俗離之行。過冬法住【寺名】。壬辰之春。直入雉岳。日出壁觀。碁年癸巳春。遠入金剛正陽。問禪於風潭大師。尋閱傳燈拈頌。禪无二味也。欲覽華嚴。以病未果。再入雉岳金僊。深窮簡事。佛非心外。法非性外也。己亥年。結夏上院。吾東方形勝地遊翫。禪衲雲集。由是。是非傳於南北。恨如之何也。座主聞之。匿笑以頌譏之曰。若云面壁久。何暇學經書。廣說典章語。始終言不如。昭然雖知彼笑。以偈答曰。本无說定法。亦不虛言宣。超出有无外。元來是我禪。問曰。自心是禪。自性是法。是否。答曰。是也。達摩云。以心傳心。不立文字。馬祖云。即心是佛。楞伽云。佛語心爲宗。以是云自心是禪也。經云。眞性萬法之源。諸聖之母也。是以云自性是法也。豈余之臆說也。問曰。禪敎不思議之言。師能通達無不知。是否。答曰。是乃可笑之說也。若是不思議之言。佛祖亦必不議。況我凡夫。豈容思議乎。設使攜童牧兒。聞不思議之說。則亦知不奈何。我年四旬。何爲不知妄容思議於其間哉。問曰。能解話頭公案云。是否。答曰。話頭者。言語不及之上頭也。公案者。世出世之公文也。佛祖對上上根人。形容言外之旨。截鐵言句也。言能及而意不到。口雖說而心不測。然則計較得麼。穿鑿得麼。雖是銅舌鐵觜之漢說法。天花亂墜。頑石點頭。惟此話頭。難可擬議。故云三世諸佛。口掛壁上。歷代祖師。潛身草裡也。問曰。人傳師於法誤執。云何爲其然。答曰。我從生至老。眼橫鼻直。頭天脚地。上下不誤也。明晝暗夜前南後北。四緣不誤也。花開知春。葉落爲秋。四時不誤也。至於佛法。不着有無中道。亦不着無住無爲。佛法亦不誤也。若有人 以謂心外妄有禪道佛法。或滯於空寂。或執於言語。向外馳求者。是可謂誤執。而我無如是之見。何言誤執耶。若據實而觀。圓敎之外。無非誤執也。何也。聞阿含四有之人。至般若會。未免執有之責。聞般若入空之人。至法華涅槃會。未免執空之責。乃至圓敎菩薩。未免不能度生之責。以此言之。不知誰誤。誰不誤也。問曰。風聞師說外道法。是否。答曰。我自幼至今。身入空門中。處身不外也。心在佛心中。用心不外也。解合正智中。解不外也。行契戒律中。行不外也。道則道於正道中。道不外也。法則法於眞法中。法不外也。言則涉於典章中。言不外也。敎則宗於直說本心之圓頓中。敎不外也。惟有禪則崇於以心傳心之格外禪。此爲外耶。若以此爲外法。則吾何爲於此。人雖譏我。我則甘受也。若有僧習俗法。釋學儒道。見解偏邪。行犯禁戒。用心紆曲。處身不軌。則是可謂麼。外法我無如此之行。何言外道法耶。若據實而論。妙覺之前。無非外道也。何也。修世俗諦者。眞諦之外也。修眞諦者。第一義諦之外也。十信者。三賢之外也。三賢者。十聖之外也。十聖者。等妙覺之外也。妙覺之言。亦實理之外也。以此論之。亦不知誰外誰不外也。問曰。吾師但說頓悟之理。不言修行之事。可乎。答曰。豈不見道。若是宗師知識。應病與藥。對機說法。如珠走盤。如鏡當臺。何局一法耶。對無行者。說戒律之行。對未悟者。說頓悟之理。對放逸者。說勤修之事。爲可也。從上佛祖。誰說未悟而先修也。瀚漫經論。何處但說修行而不說頓悟。莫信妄傳之浮言也。問曰。頓悟者。豈有空坐自悟。應有勤做工夫。功極得悟。如瘡膿滿自綻也。答曰。先修後悟者。三乘敎中。權漸之機也。義理禪中。漸三隊之根也。至於北宗漸修。是汝之所解也。圭峯判云。染淨緣起之相。反流背習之門。悟旣未徹。修豈稱眞哉。吾之頓宗中。本無如汝之說也。盖宗師據法離言。直示眞法。或良久棒喝。或擊床擧拂。或說至理。或敎本心。若是過量大漢。於一言一句下。一機一境上。透得那邊消息。徹證劫外無生。與諸佛果德。分毫不謬。後依悟修證。如人飮水。冷煖自知也。圭峯云。悟此心已。若悟沉厚重。難可策發。掉擧猛利。不可抑伏。貪嗔熾盛。觸境難制者。即用空相敎中種種方便。隨病對治。若煩惱微薄慧解明利者。依本宗本敎一行三昧也。若論未悟先修者。譬如盲者欲行東方而向西行也。未悟自心。設有念佛叅禪。歷於塵劫。徒勞苦行。有功無益。經有明文。不煩細擧也。問曰。師說凡夫之見性法可乎。答曰。可也。諸佛諸祖。百千方便爲凡夫而設。不聞爲諸佛而設也。凡夫昧却自性。妄逐諸境。枉隨轉輪故。諸佛乘悲出眞。權設見性之法。所謂千經萬論。無非令諸衆生見性成佛之法也。問曰。古今見性悟道之人。最初遇善友。親受話頭。自做工夫。功極自悟。憑聞吾師云。師家種種指示。能令弟資見性。疑是妄也。答云。古今見性之人。若不因師而悟。則從上佛祖。師資傳授。爲何事也。天下萬形。皆依模範而成質。古今賢聖。皆因師敎而成道。傳燈所載一千七百二十一人。誰得無師之悟耶。玄策禪師謂一宿覺曰。威音王已後。無師自悟者。皆是自然外道也。問曰。聞說吾師所敎云。眞誠做工者。須依善友。如敎修持。而日日上來師前。師令學者供吐。做工之如何。隨病與藥。不涉他途云。吾疑反使其心錯亂混澆也。答曰。初機晩學。未曉法理。未達心源。獨處做工。如兒失母。如盲失節也。譬如盲兒。早失父母。遠在他鄕。四向無親。貧寒困苦。無處伸訴也。一夕忽聞人語父母親戚富居某國某鄕云。心甚欣然。躬詣知鄕人處。無數拜謁。至誠謹問正信。親聞其語。雖知親戚之姓名鄕國之遠近。自恨無目。不知何往。常近知鄕人。頻禱率去。勤勤不已。知鄕之人。遂生大悲心。見其至誠。哀其無怙。

憫其貧寒。將領歸鄕。携手牽引。救渡山川。護經險夷。愛軟誘之。嚬伸吼之。勿令生懈思退。不使欲速錯過。繁緩得中。直到其鄕。自見其親。然後各分南北。彼此無悔也。初心做工者。亦叅明師聞法。發信頓悟。更問末後修證大事。然後獨處隨緣。任運受用。有何咎哉。昔高峯未遇雪岩。空過三年限。後蒙雪岩之激發。成辦大事。然人有多機。法有多義。無有定法定行之說也。問曰。見性之人。卽如如佛。今云見性者。不現神通。不知隔壁。吾知虛頭也。答曰。雖有見性者。卽未神變。圭峯不云乎。如病未平復也。古人云。道力未充足也。經云見性卽如佛者。此約性具門說也。不言功行頓畢也。若約功行門。豈無生熟。故云功未齊於諸聖也。經云普見一切衆生。具有如來智慧德相。何獨言悟後如佛。大槩凡夫見性。與諸佛迥異也。何也。諸佛曩劫見性明了。妄想已斷。所有神變。自然現發。如水澄影現。如雲盡月明也。凡夫之人。雖得自性淸淨自性解脫。而未得離垢淸淨離障解脫。妄想猶在。煩惱未斷。性上雖有神通妙用。碍而不通。隱而不現。如雲中之月。動水之影也。故云識氷池而全水。借陽氣而漸消。悟凡夫而卽佛。假修行而漸成。盖神通變化。猶是聖人末邊事。雖或現時。不可要同只是驚人惑世之事故。應化賢聖。現相人中。妙用萬物。隨流度生。是可謂平常眞實方便也。或現神變者。爲降魔摧邪怖鬼也。切莫春田要收顆粒。亦不棄本逐末也。問曰。有人現奇異之事。何也。答曰。若以奇恠之事。爲佛神通之事。天魔外道。神仙幻士。亦有奇特之術。可謂佛乎。乃至龍有降雨之能。蜃有化城之瑞。石有引鐵之靈。木有夜明之光。此亦奇異。可謂佛之神變乎。若以神通爲正。牛頭見四祖後。含花百鳥不來。頑石不點頭。以爲非耶。雲居膺常受天供。希有之事。而洞山何爲責耶。問曰。佛有神通。凡亦爾。邪正如何明辨耶。答曰。正法眼藏。涅槃妙心中。邪正本空。凡聖亦無。自他普盡。能所俱亡。諸法從本來。常自寂滅相。塵塵刹刹。元是毘盧華藏境界。色色聲聲。本來空劫已前法身也。拈花微笑之別傳禪宗。頭頭披露。靈鷲覺塲之方廣眞說。物物宣揚。故淨明云。明明百草頭。明明祖師意。百億活釋迦。醉舞春風端。龐公云。日用事無別。唯吾自偶諧。頭頭非取捨。處處勿張乖云云。永嘉云。大千沙界海中漚。一切聖賢如電拂。人人簡簡。自有如是之理。若遇宗師。如是說。如是聞。如是思。如是悟。如是修。如是證。然後徧叅諸方。則禪師講主。將如是法。各隨所解。各說其意。言說雖殊。意則同歸於如是之理。如是之理。透頂透底。盡獲金剛王寶釰末後大事。再入林巒。如是弄來弄去。逍遙自在於綠水靑山。任意安閑於秋月春風。快然無爲。湛然無累。然後博涉儒釋。歷覽經書。窮萬法源。徹千聖骨。則邪正之是非。凡聖之高下。自他之異同。禪敎之源派。萬法之理事。千差萬別。昭昭於心目之間。如杲日麗天。明鏡當臺。姸媸不逃。微毫不隱也。何不自求。如是妙悟。如是眞修。但執凡夫之情識。以疑聖域。則千疑萬疑。塵蜚於眼裡。烟揚於臂中。窮劫難盡。譬如撮摩虛空者。只益自勞耳。問曰。獅不遊狐狸之群。烏不鳴鳳凰之聲。凡說凡言。聖在聖域。互現文字。[2] 而今有人。擬取聖量。以爲己見。猶如凡庸妄稱帝王。豈無大罪歟。答曰。聖混凡流。難可易辨。轉凡成聖。在毫釐之間。龍蛇混雜。凡聖交叅。故云人間人兮孰知渠。如非魚兮難知魚。魚變成龍。不改其鱗。轉凡成聖。不改其面。吾非聖賢。豈知聖賢之所以爲聖賢耶。法華云。佛自受燃燈記成佛。又云三世諸佛。我皆敎化成佛也。善財南遊記云。五十三善知識。皆一觀音之應身也。神仙通鑑云。歷代帝王之師。物外多小之神仙。皆一老子之降神也。以此論之。誰知是凡是聖之知見所行耶。君子辭別三日。括目相對。現世人事。難得枚知。而況千萬劫中。轉轉生來之因緣業報。如非佛見。誰能明了耶。獅鳳禽獸。相懷恐怖。彼此不和。凡民帝王。素分貴賤。上下不僭。莫以世法及畜類。妄議於轉凡成聖之妙義也。問曰。相與詰難且止。敢請爲我說禪。令得妙旨。則諸方之人。亦信不譏也。答曰。我這裡。本無說禪。亦無妙旨。然要示即示。欲說即說。汝非鐵漢。說示奚爲。吾之格外玄門。知汝望崖。不得聞風而退矣。唯汝所習經論。但執言語文字爲解。不知言外之玄理。終年竟歲。拘於義理。數他珍寶。空諍是非。增益我慢。喜怒頻起。是汝之叅禪。復何說禪。但有爲汝說禪。高峯示理通上人之語。妙喜答呂舍人之書。本淨降兩街禪僧之說。牛頭對博陵王之問。圭峯謂史山人之言。達摩破六宗之事迹。盡爲汝說。而汝亦甞見故。不復煩擧。汝自思之。問曰。如是輕賤譏弄。而不說禪學。則後之人。何得聞祖意歟。願聞一說焉。答曰。吾頻遇如汝之輩。隨問爲說。彼以認名執相之見。妄逐言說。承虛接響。猶將自見。向謂人曰。某山某師之知見所行若此也。一人傳虛。萬人傳實。衆口爍金。悔之何及。汝若眞信。欲聞禪話。汝歸寥處。面壁窮心。三十年後。聞我頓證。大覺云。更來再請。則我亦不得已。無身現身。無說現說。以虛空爲口。以雷霆爲音。以風雨爲言。以江海爲義。以泥團土塊。放大光明。以草木瓦礫。莊嚴圍繞。以恒沙聖賢爲證明。以微塵衆生爲眷屬。然後法身向上。威音那邊。本分消息。窮劫談揚。無始終無[3]也。汝亦無聞之中起聞。以無心之心。無念之念。聽之思之。則聽卽說。說卽聽。聽說俱亡者亦亡。是箇什麼。速道速道。是說耶。不說耶。伏惟珍重。座主聞之。茫然不識杜口。起謝再拜。俄然座主不見昭然之住。昭然不見座主之去。蕭蕭松籟。決決溪聲。依俙二老之談玄也。

---

1) ㉘ '性性則心心性' 6자는 저본에 2행의 작은 글자로 되어 있다.　2) ㉘ '互現文字' 4자는 저본에 2행의 작은 글자로 되어 있다.　3) ㉘ '終無'는 '無終'인 듯하다.

심공 스스로 경계하는 설

　기이하구나! 심공이여. 그대는 본심의 마음을 가지고 있으니 그 마음을 잊지 말아야 한다. 마음 마음에 그 마음을 마음에 두고, 생각 생각에 그 생각을 생각하여 생각이 그 생각을 보존하고 마음이 그 마음을 편안히 해야 한다. 마음은 다른 마음이 없고 생각은 다른 생각이 없으니 생각 생각과 마음 마음에 깨어 있어서 미혹하지 않고 마음 마음과 생각 생각에 알고 있어서 우매하지 않아서, 우매하지도 않고 미혹하지도 않은 마음과 생각이 마음 마음의 마음이고 생각 생각의 생각이다. 자주자주 사邪와 정正의 마음을 잘 관찰하고 마음이 혼산昏散할 때에는 그때마다 정신을 바짝 차려서 다만 자성의 진심【밝고 밝게 알아서 항상 그대로 변하지 않는 마음】을 지키고 경계를 반연하는 망심【경계를 반연하고 분별하여 경계를 따라 생멸하는 생각】을 내지 말아야 한다. 적절히 마음을 쓸 때에는 적절히 무심無心을 쓰고, 무심을 적절히 쓸 때에는 항상 적절히 무無를 쓰면, 무심이 곧 유심이고 유심이 곧 무심이다. 무심과 유심은 모두 임시로 붙인 이름이지만, 오직 하나의 진심은 신령하고 오묘하며 자재하면서도 자성을 지키지 않아서, 뒤집으면 망심이 되어 경계를 따라 떠돌아다니면서 스스로 온갖 업을 짓고 여러 가지 고통을 받으니, 괴이하고 애통해할 만하도다.

　심공이여! 심공이여! 이것은 누구의 잘못인가. 내 지금 그대에게 두 번 세 번 간곡히 부탁하노니, 그대도 돌이켜 생각해 보면 알겠지만, 훗날 언젠가 만약 마음이 생각을 일으키거든 생각이 곧바로 마음으로 돌아가고, 생각이 마음에 움직이거든 마음이 곧바로 생각으로 돌아가, 생각이 그 마음에 있고 마음이 그 생각에 있으면, 생각 생각이 무념이고 마음 마음이 무심이어서, 무심이 도리어 무념이 되고 무념이 도리어 무심이 된다. 마음과 생각은 하나라고 말하고 싶지만 하나가 아니고, 둘이라고 말하고 싶지만 둘이 아니어서, 둘도 아니고 하나도 아닌 마음과 생각은 비어 있으면서도 신령스럽게 알고, 고요하면서도 신령스럽게 오묘하여, 신묘한 심체를 마음이 어떻게 측량할 수 있겠으며, 측량하지 못하는 마음을 더 이상 어찌하겠는가. 마치 물로써 물을 씻는 격이요, 눈으로써 눈을 보는 격이니, 본래 능能과 소所가 없기 때문이다. 모든 경계에서 그 마음을 거두지 않고 그 마음을 흩뜨리지 않아서 그 마음이 허공과 같아지면 흩뜨려도 흩뜨려지지 않고 거두어도 거두어지지 않는다. 마음에 생각이 없으면, 그 마음은 본래의 머무름 없음이 되고, 머무름 없는 심체가 신령스럽게 알고 우매하지 않아서 대지혜의 광명이 청정하게 법계에 가득 찬다. 그러므로 '허공이 분쇄되고 대지가 가라앉아 남과 내가 함께 없어진다.'[67]라고 말하는 것이다. 이 말이 옳다면 진실로 옳겠지만, 이같이 이같이 신령스럽게 아는 마음에서 이 말을 인정하지 않더라도 스스로 아는 마음에서 이같이 이같이 스스로 알고 스스로 안다. 가령 앉아 있거나 누워 있거나, 보거나 듣거나, 한가하거나 바쁘거나, 기쁘거나 화나거나, 탐내고 성내거나, 자애롭고 착하거나 한 것은 다만 밝고 밝게 항상 아는 하나의 신령스러운 진심이다. 그 마음은 시방세계에 두루 있으니 어찌 빈 공간이 있겠으며, 과거·현재·미래에 뻗쳐 있으니 어찌 끊어진 시간이 있겠는가.

    그 마음은 더러움과 깨끗함을 꿰고 있고 범인과 성인을 관통하여, 만상에 드러나고 만물에 뚜렷하며, 있는 곳곳마다 소리 소리마다 색깔 색깔마다, 하나하나 원만히 구족되어 있고 하나하나 두루두루 청정하며, 하나하나 스스로 완성되어 있고 하나하나 모자람이나 남음이 없으며, 하나하나 천진한 자연이고 하나하나 연꽃처럼 물들지 않으며, 하나하나 그대로 변하지 않고 하나하나 감도 없고 옴도 없으며 하나하나 생하지도 않고 멸하지도 않아서, 이같이 원대하고 수승하여 끝없이 넓고 끝없이 현묘하다. 불가사의하고 불가사의한 것이 불가사의한 마음을 굴리고 있으니 어찌 멀리 있겠는가. 심공이여! 심공이여! 다만 그대가 이 마음이고 마음이 바로 그대이니, 날마다 순간순간 일상생활의 행동하는 사이에 그것을 알아

채 우매하지 않고 알아채 우매하지 않아야 한다.

心公自警說

奇哉心公。汝有本心之心。莫忘其心。心心心其心。念念念其念。念存其念。心安其心。心無異心。念無異念。念念心心。覺而不迷。心心念念。知而不昧。不昧不迷之心念。是爲心心之心。念念之念也。頻頻覺察邪正之心。旋旋抖擻昏散之心。但守自性之眞心。【了了自知而如如不變心】莫生緣境之妄心。【緣境分別而隨境生滅念也】恰恰用心時。恰恰無心用。無心恰恰用。常用恰恰無。無心卽有心。有心卽無心。無心有心。摠是假名。唯一眞心。靈妙自在。不守自性。翻爲妄心。流逸奔境。自作種種業。自受種種苦。可疑可怪。可哀可痛。心公心公。是誰之過耶。我今爲汝。再三叮嚀。汝亦返思而知之。他時後日。若有心起於念。念卽歸心。念動於心。心卽歸念。念在其心。心在其念。念念無念。心心無心。無心却是無念。無念却是無心。心與念。欲言其一而非一。欲言其二而非二。非二非一之心念。虛而靈知。寂而神妙。神妙心體。心何測度。不測之心。更欲何爲。如以水洗水。以眼見眼。本無能所故也。於諸境上。不收其心。不散其心。其心如虛空。散之不散。收之不收。心若無念。其心本來無住。無住心體。靈知不昧。大智慧光明。淸淨彌滿。充塞法界。故云虛空粉碎。大地平沉。物我俱亡。此言是則固是。亦不容是言於如是如是靈知之心。如是如是自知自知於自知之心。至於坐臥也。見聞也。閑忙也。喜怒也。貪嗔也。慈善也。但是了了常知之一靈眞心。其心也。橫遍十方。何有空缺處。竪窮三際。何有間斷時。貫於染淨。通於凡聖。頭頭上現。物物全彰。在在處處。聲聲色色。一一圓滿充足。一一周徧淸淨。一一自在成就。一一無欠無餘。一一天眞自然。一一如蓮花不着水。一一如如不變。一一無去無來。一一不生不滅。如是高遠勝大。廣博無邊。玄玄妙妙。不可思議不可思議。轉不可思議之心。豈遠乎在。心公心公。只汝是心。心是只汝。日日時時。動容周旋之間。覺之不昧。覺之不昧也。

대각의 정혜에 관한 설

 무릇 만물은 오행에서 생겨나고 오행은 이기二氣에서 생겨나며, 이기는 태극에서 생겨나고 태극은 무극에서 생겨나며, 무극은 태허에서 생겨나고 태허는 대각에서 생겨난다. 대각은 위로 모든 부처님으로부터 아래로 땅강아지에 이르기까지 본래 영각靈覺의 진성眞性[68]을 가지고 있다. 이 진성이 크게는 밖 없는 것을 포괄하여 넓고도 크기 때문에 '대大'라 하고, 흐름을 따라 자재하면서도 신령스럽게 밝고 분명히 알기 때문에 '각覺'이라고 하였다.

 이 대각의 심왕心王은 지극히 비어 있고 지극히 오묘하여 명상名相[69]을 끊고 언어를 초월해 있다. 저 태허의 이치를 넘어 있고 생각할 수 있는 범위의 바깥으로 멀리 벗어나 있기 때문에 옛사람들은 그것을 듣고 믿는 자가 적었다. 그것을 듣고 진실로 믿는 자가 많았다 하더라도 믿고 깨닫는 자 적었고, 믿고 투철히 깨닫는 자 많았다 하더라도 깨닫고 수행하는 자 적었으며, 깨닫고 부지런히 수행하는 자 많았다 하더라도 수행하여 증득하는 자 적었고, 깨닫고 수행하여 밝게 증득하는 자 비록 있었다 하더라도 정과 혜를 함께 운용하고 대각의 심왕에 그윽이 합치하는 것은 가장 어려운 것이었다. 그러므로 이 마음을 깨닫고 증득하는 성현들은 각각 그 이해하는 바에 따라 어떤 이는 신해信解의 이치를 설하기도 하였고, 어떤 이는 수증修證의 뜻을 설하기도 하였으며, 어떤 이는 성과 상, 공과 유, 돈과 점을 설하는 등 무수한 방편으로 널리 언교言敎를 펼쳤다. 가령 미혹하여 방향을 잃은 자들로 하여금 스스로 심왕을 깨닫도록 하는 것이라면 이러한 좋은 가르침을 인정하게 할 수 있겠지만, 일을 마친 뛰어난 과량過量의 사람이라면 이와 같은 지말적인 가르침을 귀하게 여기지 않을 것이다.

 무릇 대각의 마음을 믿고 이해하는 자로서 닦아 증득하고자 한다면, 먼저 정혜로써 닦고 뒤에 무심으로써 증득해야 한다. 요즘 범범하게 심법을 배우는 자들 가운데, 어떤 이는 '진심은 공적空寂하여 불변不變한다'고 여기고 다만 본체를 지키려고만 하는 자가 있는데, 이런 사람은 마치 동의 본질은 보았지만 거울의 밝게 비추는 모습은 보지 못한 것이다. 또 어떤 이는 '진심은 영지靈知하여 수연隨緣한다'고 여기고 상용相用에 집착하려는 자가 있는데, 이런 사람은 거울의 밝게 비추는 성품은 알지만 동의 본질은 알지 못한 것이다. 마침내 이들은 원만히 대각의 본심을 증득하여 바르게 이해하고자 하는 사람들로 하여금 굽은 길을 가도록 하여 삿된 견해의 굴에 떨어지도록 하면서도 자신이 바르다고 여기는 사람들이니 어떻게 그 삿됨을 알겠는가. 그렇다면 어찌해야 되겠는가.

가령 근기가 뛰어난 선비라면 처음에 선지식[이 두 가지 이익을 가지고 심인心印을 곧장 전하는 자를 선지식이라고 하고, 다만 문자와 언어에만 집착하면서 이것을 법이라고 여기는 자를 악지식이라고 한다.]을 만나 한마디 말에, 원각의 본심이 원래 청정하고 본래 해탈하였으며, 없지도 않고 있지도 않으며, 치우쳐 있지도 않고 바르지도 않으며, 갠지스강 모래알만큼 많은 공덕과 한량없는 오묘한 작용을 본디 구족해 있음을 돈오頓悟한 후에, 순간순간 망념을 깨닫고 살펴서 성품 바다에 그윽이 합치될 것이다.『수능엄경』의 대정大定으로써 반연하는 마음을 끊으면서도 완악한 공空에 빠져들지 않고, 반야의 대혜大慧로써 혼란한 마음을 없애지만 광란하지 않아, 적적寂寂한 곳에서도 성성惺惺하고 우매하지 않으며, 성성할 때에도 적적하고 미혹하지 않아서 성惺과 적寂이 함께 있고 정定과 혜慧가 원만히 밝아질 것이다. 이것이 바로 대각의 본심이다.

혜는 자기 마음의 큰 작용이고, 정은 자기 마음의 본체이며, 본체와 작용은 원래 일심一心이다. 일심이라는 이름 역시 임시로 설한 것이니, 능能과 소所가 함께 고요해지면 시끄러운 곳에 있어도 시끄러운 곳으로 여기지 않고 고요한 곳에 있어도 고요한 곳으로 여기지 않아, 고요함과 시끄러움이 한곳이 되고 나와 남이 하나의 이치가 되며, 심정에 생각하는 바가 없고 의식에 작위하는 바가 없어서, 마음에 생겨나는 바가 없을 것이니, 그렇다면 무엇이 정혜이고 무엇이 대각의 마음이겠는가.

맑고 고요하며, 우뚝하고 드높으며, 고상하고 아득히 멀도다. 험준하고 험준한 산이 평지가 되고 평지보다 더 평평한 땅이 험준한 산이 되는 그 가운데 한 놈이 배울 만한 법이 없고 참구할 만한 선禪이 없으며, 벗어버릴 생사가 없고 증득할 만한 열반이 없는 경지에서 자유롭게 노닐고 자유롭게 노닐어, 계수나무가 있는 바위에서나 흰 돌이 깔린 시냇가에서, 달 보고 바람 맞으며, 세 갈래 서까래 아래의 일곱 자 방석 앞에서 앉거나 눕거나 하면서 배고프면 금우金牛 화상의 밥을 씹고,[70] 목마르면 조주趙州 스님의 차를 마시며, 속세의 바깥에서 자유로이 소요하고, 눈 내리는 밤의 밝은 달과 바람에 흔들리는 꽃들 속에서 소요하며 날을 보낸다면, 무심한 도인이며 일을 마친 범부이며 측량할 수 없는 큰 놈이라고 할 수 있을 것이다.

이러한 놈의 얼굴 앞에 십지의 성현과 십주·십행·십회향의 보살이라도 간담이 서늘하며 달마와 석가라도 몸을 용납할 땅이 없을 것이며, 삿된 스님과 마군의 무리들도 머리카락이 쭈뼛 서고 심장이 서늘할 것이고 천룡팔부도 의론할 수 없을 것이다. 그런데 하물며 범부로서 그 누가 의심하거나 비난하지 않겠는가. 이 사람은 팔풍八風[71]의 경계에서도 마치 산봉우리 위의 구름이 무심하게 모였다 흩어졌다 하는 것 같고, 물 위의 바람이 무정하게 오고 가는 것과 같을 것이다. 경산 스님이 말하기를 "도를 증득한 선비는 자기를 가득 채운 이후에 그 나머지를 미루어 근기에 맞게 상대를 대면한다. 마치 밝은 거울이 대에 있고 밝은 구슬이 손바닥에 있을 때 오랑캐가 오면 오랑캐를 비추고 중국 사람이 오면 중국 사람을 비추듯이 집착하는 의식이 없어야 한다. 만약에 집착하는 의식이 있게 된다면 남에게 줄 법이 실재하게 될 것이다."[72]라고 하였으니, 이 말이 지극히 옳도다.

大覺定慧說

原夫萬物。生於五行。五行生於二氣。二氣生於太極。太極生於無極。無極生於太虛。太虛生於大覺。大覺者。上自諸佛。下至螻蟻。本有靈覺之眞性也。此性大包無外。宏廓廣邈。故云大也。随流自在。靈明了知。故云覺也。此大覺心王。至虛至妙。絶名相超言詞。越彼太虛之理。迥出思議之外故。古今之人。聞而信之者少。聞而諦信者雖多。信而悟之者少。信而徹悟者雖多。悟而修之者少。悟而勤修者雖多。修而證之者少。悟修明證者雖有。定慧雙運。冥合大覺心王者最難。故悟證此心之賢聖。各隨所解。或說信解之理。或說修證之義。或說性相空有頓漸。乃至無數方便。廣演言敎。若使迷之失者。自覺心王。雖可如是善說。若於了事過量漢。如許支說。不足爲貴也。夫信解大覺心者。若欲修證。先以定慧爲修。後以無心爲證。今時泛學心法者。或以謂眞心空寂不變。但守本體。則如見銅之本質。而不見鏡之明像也。或以謂眞心靈知随緣。惟執相用。則如識鏡之明性。而不識銅之本質。遂令圓證大覺本心之正解者。未免紆曲。墮於邪見窟中。自謂爲正。豈知是邪。然則如之何而可也。若是筋骨之士。其初遇善知識【直傳心印以此二利。但執文言以此爲法者。謂之善知識者。謂之惡知識】[1] 一言之下。頓悟圓覺本心。元淸淨本解脫。非空非有。不偏不正。恒沙功德無量妙用。自在具足然後時時覺察妄念。冥符性海之中。以首楞大定。雖絶心之緣慮。不着於頑空。以般若大慧。雖遣心之昏住。不拘於狂亂。寂寂處。惺惺不昧。惺惺時。寂寂不迷。惺寂等持。定慧圓明。方是大覺本心也。慧是自心之大用。定是自心之本體。體用元是一心。一心之名亦假說。能所俱寂。則處閙而不爲閙底閙也。處靜而不爲底靜也。靜閙一處。自他一理。情無所念。意無所爲。心無所生。若此則誰爲定慧。何者大覺心耶。澄澄湛湛。卓卓巍巍。孤孤迥迥。崎嶇崎嶇處平坦。平坦甚平坦處甚崎嶇。於中有一漢子。無法何學。[2] 無禪可叅。無生死可脫。無涅槃可證。任運騰騰。騰騰任運。桂樹岩畔。白石溪邊。看月瞻風。三條椽下。七尺單前。或坐或臥。飢則咬金牛飯。渴來飮趙州茶。寶中物外。自在優遊。雪月風花。逍遙度日。是可謂無心道人。了事凡夫。沒量大漢。此漢面前。十聖三賢。膽喪魂驚。碧眼黃頭。容身無地。邪師魔徒。堅毛寒心。天龍八部。擬議不得。而況凡夫之人。孰不狐疑而毁謗哉。此人當於八風之境。一如無心嶺上雲舒卷。一如無情水上風去來。徑山云。得道之士。自己旣充足。推己之餘。應機接物。如明鏡當臺。明珠在掌。胡來胡現。漢來漢現。非是着意。若着意則有實法與人矣。此言至宜哉。

1) ㉮『韓國佛敎全書』에 "直傳心印以此二利. 但執文言以此爲法者. 謂之善知識者. 謂之惡知識."이라고 되어 있지만 간행본에 의거하여 "直傳心印以此二利者. 謂之善知識. 但執文言以此爲法者. 謂之惡知識."으로 고쳐 번역하였다.   2) ㉮『韓國佛敎全書』과 원문에 '無法何學'이라 되어 있지만 문맥으로 볼 때 '無法可學'의 잘못으로 생각된다.

무위진인 서문

　관찰해 보니, 저 무위진인은 명자名字가 없어서 어떤 형태도 없지만 항상 사람들의 생활하는 가운데 있고, 고금에 걸쳐 새로워지거나 그대로 있는 것이 아니지만 항상 삼라만상에 드러나 있다. 과거·현재·미래에 걸쳐 생멸하지 않고, 시방十方에 걸쳐 어느 쪽에도 치우쳐 있지 않으며, 위로는 하늘을 떠받쳐서 그 정상이 보이지 않고, 아래로는 땅을 지탱하고 있어서 그 밑바닥이 보이지 않는다. 주위 한 번 도는 사이에 좌우가 없지만 동서에 드러나 있고, 허리 한 번 굽혔다 펴는 사이에 앞뒤가 없지만 남북에 밝게 나타나 있다. 크게는 천지의 바깥을 포괄하고, 작게는 티끌이나 터럭 안에도 숨어 있을 수 있다. 가슴에 서려 있는 무량한 경론의 설은 삼천대천세계만큼 있고, 인간과 하늘 세상에 온축되어 있는 예술 능력은 모든 존재에 대해 뻗쳐 있으니, 오직 진인의 도덕과 문장만이 고원하고 심원하다고 할 만하다.

　대개 세상의 높고 깊은 것으로 '산이나 바다'를 말한다. 산의 높음으로 말하면 태화산보다 높은 산이 없지만 진인의 도덕에는 미치지 못하고, 바다의 깊이로 말하면 창해보다 깊은 바다가 없지만 역시 진인의 문장에는 미치지 못한다. 왜냐하면, 창해의 깊이는 측량할 수 있지만 진인의 문장은 측량할 수 없고, 태화산의 높이는 그 높이를 우러러볼 수 있지만 진인의 도덕은 우러러볼 수 없기 때문이다.

　저 진인의 도덕과 문장은 우러러볼 수 없고 측량할 수 없다. 진인의 문장과 도덕은 세상의 문장과 도덕이 아니므로 진인은 공자·맹자의 문장과 도덕을 부러워하지 않으니, 공자·맹자의 문장과 도덕은 진인에게서 처음 나왔기 때문이다. 또한 출세의 도덕과 문장이 아니므로 진인은 석가·노자의 도덕과 문장을 돌아보지 않으니, 석가·노자의 도덕과 문장 또한 진인에게서 처음 배웠기 때문이다.

이 사람은 때로는 범인이나 성인으로서 거주하면서 염染과 정淨에 모두 통하기 때문에 능히 팔만사천의 법문을 설하기도 하고 팔만사천의 번뇌를 일으키기도 한다. 또한 유有와 무無에 거처하면서 이理와 사事를 관통하기 때문에 산하대지의 삼라만상을 변화시키기도 하고 백천세계의 큰 허공을 만들기도 한다. 신통변화가 끝이 없고 측량할 수 없기 때문에 인간과 하늘 사람 가운데 믿고 이해하는 자가 적은 것이다.

아! 진인의 양量은 태허로도 추량하기 어려운데 하물며 태화산의 높이나 창해의 깊이로 비교하여 헤아릴 수 있겠는가. 밝기로는 해와 달보다 밝아서 귀신도 그 도덕을 흠모하고, 덕으로는 대천세계를 덮고 있어서 인간과 하늘 사람도 그 높은 풍모를 우러러본다. 성현도 측량하지 못하는데 어찌 인간과 하늘 사람이 헤아리겠는가. 넓고 크며 밝고 밝아서 멀리 생각할 수 있는 범위를 벗어나 있다. 이른바 진인은 옛날 사람인가, 지금 사람인가, 보통 사람인가, 성인인가. 도대체 어떤 사람이기에 위대하고 웅장하며 이처럼 수승하고 위대한가.

내 생각에, 진인은 만법의 왕이고 천성의 주인이며, 뭇 생명의 아버지이며 중생의 어머니이다. 그렇다면 진인의 의용義用과 공덕功德은 비록 천성千聖이 함께 세상에 나와서 천만 억겁토록 모두 그 신통력을 발휘하여 종횡으로 설하고 낱낱이 설하며 성대히 설한다 하더라도 조금도 추론하기 어려울 것이다. 하물며 인간과 하늘 사람이 믿고 이해하여 말할 수 있는 것이겠는가. 그러므로 말법 세상에 만약 믿고 이해하는 자가 있어서 진인의 공덕과 묘용을 설한다면 사람들이 모두 비방하고 믿지 않을 것이니, 어찌 괴이하게 여길 것이 있겠는가. 당연한 것이리라. 나는 후세 학자들이 '벌레 같은 이해와 좁은 소견으로 감히 무위진인의 도덕과 문장을 설했다'고 비방하는 것을 두려워하지 않는다. 어찌 연실(藕絲)로 수미산을 매달고 반딧불로 허공을 태우는 것과 같은 것인 줄 모르겠는가. 다만 아직 깨닫지 못한 자를 위해 말할 뿐이다.

無位眞人序

觀夫無位眞人者。無名無字。沒形容而常在於人人動容之中。貫古貫今。非新舊而恒徧于物物萬緣之上。堅窮三際而不生不滅。橫遍十方而不中不邊。上柱天而不見其頂。下柱地而不見其底。周旋之際。沒左右而顯現於東西。俯仰間。絶前後而昭明於南北。大包天地之外。細隱塵毛之內。胥蟠無量。經論之說。量廓沙界。蘊在人天。藝術之能。心窮萬有。顧惟眞人之道德文章。可謂高遠[1])者也。盖世之高與深者。惟曰。山海也。山之高。高莫過於太華之高。能不及於眞人之道德也。海之深。深莫過於滄海之深。而滄海之深。亦不及於眞人之文章也。何也。惟滄海之深。深可度也。眞人之文章。不可度也。抑太華之高。高可仰也。眞人之道德。不可仰也。夫眞人之道德文章。不可仰而難可度也。則其爲文章道德。非世之文章道德故。眞人不羨於孔孟之文章道德。盖孔孟之文章道德。始出乎眞人也。亦非出世之道德文章故。眞人不顧於釋老之道德文章。且釋老之道德文章。始學于眞人也。是人也。或居凡聖之位通於染淨故。能說八萬四千法門。亦起八萬四千塵勞。或處有無之中。貫乎理事故。能變山河大地萬像森羅。亦爲百千世界太虛空也。神通無碍。變化莫測故。人天之人。罕能信解者也。嗚呼。眞人之量。以太虛難可比量。而況太華之高。滄海之深。其可比而度也乎。明逾日月。鬼神欽其道德。德覆大千。人天仰其高風。聖賢猶不測。人天豈量。恢恢焉惺惺焉。逈出思議者也。所謂眞人者。古之人耶。今之人耶。凡耶。聖耶。是何人者。偉偉雄雄。若此之勝大乎。予謂萬法之王。千聖之主。群靈之父。衆庶之母也。若然則眞人之義用功德。雖千聖同出于世。千萬億劫。盡其神力。橫說堅說。塵說刹說。熾然常說。難可擬議於小分。矧有人天之人。其可信解而言論乎。由是末法。若有信解者。說眞人之功德妙用。則人多毀謗不信。何得恠耶。其亦宜矣。予不懼後世學者誹謗。以蠡解管見。敢說無位眞人之道德文章。豈不自知如藕絲懸須彌。螢火燒虛空者也。但爲未曉者而言之。

1) ㉔ '遠' 다음에 저본에는 한 글자의 공백이 있다. ㉕ 계명대학교 소장본에 의거하여 '弘深'을 추가하여 번역하였다.

종오 선사에게 보이는 법어

고덕古德이 말하기를, "법에 들어가는 문은 천 개이지만 구경究竟에 돌아가는 곳은 하나이다."[73]라고 하였고, "천 가지 만 가지 의심은 다만 하나의 의심이다."[74]라고 하였습니다. 그런데 스님께서는 특별히 큰 믿음을 일으켜 견고히 큰 뜻을 세웠고, 결연히 큰 의심을 일으켜 그 의심이 자신에게 붙어 있어서, 한번 깨달은 주인공이 언제나 의심하고 궁구하여 항상 우매하지 않고 생각 생각에 이어져서 하루 종일 잠시도 끊어지지 않으며, 화두를 들고서 항상 깨어 있다고 하였습니다.

나의 주인공은 무엇입니까. 이와 같이 깊이 명상하다가 혼침하여 눈이 몽롱해지면 일어나 몸을 움직여 수십 보를 걷기도 하고, 들뜨는 마음이 들어오면 자리로 돌아와 방석에 정좌합니다. 그렇게 가고 머무를 때에 의정疑情[75]이 하나같이 되면, 공부가 점차 익숙해져서 마음에 의지할 데가 없게 될 것이니, 어찌 알맞은 때를 얻지 못하겠습니까? 이것이 부처가 되고 조사가 되는 기본이니, 버리지도 말고 취하지도 말며 이해하려거나 계탁하려는 생각도 내지 말고 억지로 사량思量하지도 말아서 반드시 칠통漆桶[76]을 깨뜨려야 큰 지혜가 해처럼 밝아질 것입니다. 이것이 바로 본래부터 있던 주인공입니다. 원컨대 스님께서는 이와 같이 공부하고 깨달음을 얻은 후에 깨달음 이후의 일에 대해 다시 설하시기 바랍니다. 진중하십시오.

示宗悟禪師法語

古德云。入法千門。究竟歸宿處一也。千疑萬疑。只是一疑也。吾師特發大信。堅立大志。決起大疑。疑着自己。一覺主人公。疑來疑去。窮來窮去。常常不昧。念念相續。十二時中。密密綿綿。提撕擧覺云。我這主人公是甚麼。如是沈究時。昏沈籠眼。起而運身數十步。掉擧入心。歸而靜坐蒲團上。行住之際。疑情如一。則工夫漸熟。心無所倚。奈何他不得時正好底。此是成佛作祖之基本。不得放捨。不得撮取。不得生解計較。不得着意思量。必有打破柒桶。大智如日。只是本有主人公也。願師如此做工。悟後更說悟後事。珍重。

또

대개 공부가 익숙해지고 익숙해지지 못함과 깨닫고 깨닫지 못함은 다만 그 사람이 힘을 덜어 내느냐, 힘을 덜어 내지 못하느냐, 힘을 얻느냐, 힘을 얻지 못하느냐에 달려 있습니다. 스님이 의심을 일으킨 그 주인공은 스스로 깨닫습니까? 그 주인공은 무슨 물건입니까? 한번 설해 보겠습니다.

2조 혜가가 달마 대사의 물음에 답하기를, "분명히 항상 알기 때문에 언어가 미치지 못한다."[77]라고 하였고, 옛사람이 "서로 얼굴을 보면 눈길이 마주친다."[78]라고 하였으니, 다시 무슨 말을 하겠습니까. 스님도 고인古人 및 2조 혜가와 같은 경지입니까? 만약 그렇다면 진실이 스스로 의심 없는 경지에 이를 것이고, 만약 그렇지 않다면 등불을 기둥이라고 여기는 것을 면하지 못할 것입니다. 다만 다른 사람이 내뱉은 말을 취하여 이로써 '스스로 깨달았다'고 여긴다면, 이른바 '반야를 비방하면 반드시 무간지옥에 들어간다'는 것일 테니, 신중하고 신중하십시오.

又

大槩工夫。熟與不熟。悟與不悟。只在當人。省力不省力。得力不得力也。吾師所疑主人公。自悟否。主人公是甚麽物。試說看。二祖對達摩問云。了了常知故。言之不可及。古人云。覿面相呈。更何言。吾師亦如古人及二祖否。若也如是。眞實自到不疑之地。若不如是。未免喚燈籠作露柱。但取他人口頭說底以謂自悟。則所謂謗般若之必入無間獄。愼之愼之。

또

이 일은 지극히 쉽지 않으니, 마치 백척간두를 걸어가다가 실족하면 목숨을 잃는 것과 같고, 또 외나무다리 위를 걸어가다가 마음을 늦추면 성명性命[79]을 보전하지 못하는 것과 같을 것입니다. 대혜 종고는 "여의如意한 가운데 모름지기 여의하지 못했던 시절을 순간순간 염두에 두어 절대로 잠시라도 잊어서는 안 된다."[80]라고 하고, "이 한 가지는 얻기 쉬우나 지키기 어려우니 절대로 소홀히 해서는 안 된다."[81]라고 하였습니다. 항상 눈앞에 두고 마음대로 가지고 놀면서 설익은 것은 익게 하고 익은 것은 설게 해야 비로소 조금이라도 이 일과 상응할 뿐입니다. 언제나 망념이 일어나면 즉시 알아차려 항상 우매하지 않도록 하고 이를 넓히고 채운 후에, 자신에게 넉넉한 것을 가지고 남에게까지 이르러 가야 할 것입니다.

又

此事極不容易。如步竿頭跌足則喪身失命。又如獨木橋上行。心若放緩。性命能不保也。妙喜云。在如意中。須時時以不如意中時節在念。切不可暫忘也。遮一著子。得易守難。切不可忽。常在目前。弄來弄去。生處放敎熟。熟處放敎生。始與此事少分相應耳。時中念起即覺。常常不昧。擴而充之。然後推己之餘以及物。

또

　방 공龐公은 "마음이 여여하면 경계도 여여하여 실實도 없고 허虛도 없으며 유有에도 관계치 않고 무無에도 구애되지 않으니, 이는 성현이 아니라 일을 마친 범부이다."[82]라고 하였고, 영가 현각은 "그대는 보지 못했는가. 하릴없는 한가한 도인은 망상을 없애지도 않고 진실을 구하지도 않는다. 무명無明의 실성實性이 곧 불성이고 허깨비 같은 공신空身이 곧 법신이다."[83]라고 하였습니다. 쌍봉雙峰은 "영리靈利한 사람은 자기의 안신입명처를 보았다면 주장자를 꺾어 버리고 바랑을 높이 걸어 두고 세 가닥 서까래 밑의 칠 척이 되는 자리 앞에서 맛없는 밥을 씹고 물기 없는 국을 마시며 다리 뻗고 잠자면서 유유자적하게 세월을 보낼 수 있을 것이다."[84]라고 하였고, 또 "여기 한 사람은 돌아가서 해야 할 집안일이 없고 배울 선도禪道가 없으며 벗어야 할 생사도 없고 증득해야 할 열반도 없어서 종일토록 자유롭게 노닐고, 하늘 세상이나 인간 세상에서 유유자적하며 즐겁게 지내며, 호랑이굴과 마군의 굴에서도 종횡으로 걸림 없다."[85]라고 하였습니다. 영명 연수는 "헤아림이 법계의 끝까지 이르고 마음이 허공의 이치에 합하면 팔풍八風이 움직이지 않고 삼수三受[86]가 고요해져 종현種現[87]이 다 사라지고 근수根隨[88]가 다 없어진다."[89]라고 하였고, 규봉 종밀은 "색깔을 보고 소리를 들을 때 그것이 그림자와 같고 메아리와 같다고 스스로 생각하는가. 몸을 움직이고 마음을 일으킬 때 부처님 법에 합당한지를 스스로 따지는가. 좋은 음식과 거친 밥을 먹을 때 싫어하거나 좋아함이 없는지를 스스로 살피는가. 뜨겁거나 차며 춥거나 따뜻할 때 피하거나 다가가려고 함이 없는지를 스스로 알아차리는가. 더 나아가 이익과 손해, 훼방과 명예, 칭찬과 비난, 괴로움과 즐거움에 이를 때 하나하나 살펴서 실로 하나의 정의情意가 되고 있는지를 반조返照하고 있는가."[90]라고 하였습니다. 원컨대, 모든 도道를 얻으려는 선비는 각자 자신의 마음을 잘 관찰하시기 바랍니다. 자기의 견해와 행동이 위에서 인용한 말과 합치한다면 '일을 마친 범부이며 함이 없는 한가한 도인'이라고 할 수 있을 것입니다.

又

龐公云。心如境亦如。無實亦無虛。有亦不管。無亦不拘。不是賢聖。了事凡夫。永嘉云。君不見。無爲閑道人。不除妄想不求眞。無明實性卽佛性。幻化空身卽法身。雙峰云。靈利漢。便見自己安身立命處。扚折拄扙。高掛鉢囊。三條椽下。七尺單前。咬無味飯。飮不濕美[1] 伸脚打眠。逍遙度日。又云有一漢子。無家業可歸。無禪道可學。無生死可脫。無涅槃可證。終日騰騰任運。任運騰騰。天上人間。逍遙快樂。虎穴魔宮。縱橫無碍。永明云。量窮法界之邊。心合虛空之理。八風不動。三受寂然。種現雙消。根隨俱盡。圭峯云。見色聞聲。自思如影響否。動身擧意。自料爲佛法否。美饌糲飡。自想無嫌愛否。炎凉凍煖。自看免避就否。乃至利衰毁譽稱譏苦樂。一一審自返照實得情意一種否。願諸得道之士。各自觀察心念。自己知見所行。若合如上所引之言。則可謂了事凡夫。無爲閑道人也。

---
1) ㉠ '美'는 '羹'의 오자인 것 같다.

구암당 방인 대사에게 보이는 선교총결

　마음이라는 것은 텅 비어 오묘히 순수하고, 환하여 신령하게 밝으며, 아무리 올라가도 정상이 없고, 아무리 내려가도 밑바닥이 없다. 고금에 걸쳐 있지만 시작도 없고 끝도 없으며, 십허十虛[91]를 포함하지만 있지도 않고 없지도 않다. 보이지 않는다고 말하고 싶지만 색깔로 밝게 드러나고, 들리지 않는다고 말하고 싶지만 소리로 분명하게 들린다. 작은 것으로 말하자면 지극히 미미하여 형상하기 어렵고, 큰 것으로 말하자면 지극히 광대하여 헤아리기 어렵다. 능히 사람과 하늘이 되기도 하지만 하늘이 아니고, 능히 더러움과 깨끗함이 되기도 하지만 깨끗함이 아니다. 유교와 불교의 내부를 관통하면서 경서經書의 밖을 탐구하고, 범인과 성인의 도를 관통하면서 위아래의 일을 다스리니, 법의 그윽하고 그윽함과 도의 오묘하고 오묘함은 모두 이 마음이 허령虛靈[92]하여 우매하지 않음이 없지 않은 것이다. 또한 깊이 실제의 이치 영역을 궁구하고 향상뇌관向上牢關[93]의 끝까지 이르더라도 그것을 의론하고 계탁하기 어려우니, 이 마음이 넓고 커서 형상하기 어렵지 않음이 없는 것이다.

　성인이 말하지 않았던가. "사람의 마음은 위태롭고 도의 마음은 은미하니, 만약 정일精一하지 않으면 그 중도를 잡기 어렵다."[94]라고. 고덕古德이 "이름으로 이름 붙일 수 없고 형상으로 형상 지을 수 없다."[95]라고 하였는데, 대개 이 마음을 말한 것이다. 이 마음은 위로 모든 부처님으로부터 아래로 땅강아지에 이르기까지 모두 완전히 갖추어 있고 모두 구족하고 있어서 갠지스강 모래알같이 많은 성덕性德과 헤아릴 수 없는 오묘한 작용을 평등히 본래 가지고 있다. 다만 중생이 지견으로 알음알이를 세우고 마음을 일으켜 망념을 움직이며 육도를 윤회하고 있기 때문에 모든 부처님과 모든 조사들이 이 세상에 출현하여 이 마음을 열어 보여 주어 중생들로 하여금 깨달아 들어가도록 하는 것이다. 그런데 중생들이 애욕에 구속되고 온갖 경계에 집착하여 심법의 한 문으로 이끌어 들이기 어렵다. 이 때문에 부처님과 조사들이 갖가지 중생 제도의 방편문을 설립하였다.

큰 지혜를 가진 상근기를 만나면 곧장 진법眞法을 보여 주고, 중·하근기를 만나면 묘지妙旨를 설하되 이理가 곧 사事이고, 체體가 곧 용用이라고 설하기도 하고, 혹은 비유와 인연과 업과, 그리고 지범개차持犯開遮[96]와 미세한 조목에 이르기까지 설하여 근성이 다른 모든 중생들로 하여금 공문空門[97]에 들어가 필경에는 실제【진실본제로서 자심을 말한다.】에 돌아가도록 한다. 만약 헤아림을 넘어선 큰 근기의 사람을 만난다면 은밀히 정법안장과 열반묘심을 부촉하리니, 이것이 바로 교외별전의 선종이다. 이 선종에서 많은 명칭들이 마침내 나왔으니 '심'과 '성', '정'과 '혜', '선'과 '교', '돈'과 '점'이다. 이에 범부와 성인의 법이 천차만별로 나뉘어 모두 다 설명하기 어렵게 되었다. 아! 코끼리를 그리려고 하면서 손가락만 문지르는 저 말세의 무리들이 문구를 배우되 명상名相에만 집착하고, 말에 따라 이해하되 나와 합치되면 찬성하여 따르고 나와 위배되면 비방하여 버리는구나. 이러한 투쟁뇌고鬪爭牢固[98]의 시대에 무슨 괴이할 것이 있겠는가만, 나는 세상 사람들이 말에 집착하고 뜻에 미혹한 것을 한탄하다가 비로소 세존의 회삼귀일會三歸一[99]과 규봉 종밀의 화회삼종和會三宗[100]의 뜻을 알았으니 그 뜻이 어찌 헛된 것이겠는가.

나는 계사년(1653) 가을 포천군에 있는 천주산 신륵암新勒庵에서 우연히 자신을 구암龜岩이라고 부르는 방인方印 장로를 만나 대화하였는데, 그 말이 선의 지취旨趣에서 나왔고 교의 가르침을 좋아하지 않았다. 나는 속으로 '이 스님은 능히 언어 밖의 지취를 얻었고 방편의 권술에 막히지 않았다'고 생각하였다. 얼마나 다행인가. 우연히 지음을 만났으니 그 기쁨이 컸도다. 방인 대사 스스로 말하기를, "어려서 제월霽月·춘파春坡·풍담風潭 세 대사의 높은 법회에서 가르침을 받았고 오대산·금강산·묘향산의 명승지에 머물렀는데 지금은 중풍으로 병이 나서 홀로 궁벽한 곳에 있은

지 여러 해 되었으니 누구와 더불어 도를 이야기하겠습니까. 지난번에 마침 도상道祥 스님이 제가 있는 곳을 지나는 길에 스님의 훌륭한 명성을 들은 적이 있어 한 번 만나 보고자 하였는데 어찌 오늘 이렇게 만나서 이야기하게 될 줄 알았겠습니까?"라고 하였다.

그리고 내게 물었다. "스님은 근래 선경禪經을 보았습니까?"

대답하였다. "그렇습니다."

물었다. "선경은 무엇으로 종지를 삼습니까?"

답하였다. "열반묘심으로 종지를 삼습니다."

다음으로 사집과四集科와 사교과四敎科의 글을 들어 물었고 나는 일일이 답하였는데, 말과 말이 자심自心으로 돌아가고 구절과 구절이 선의 본종本宗에 그윽이 합치하였다. 이렇게 문답을 50여 번 하고 나서 방인 대사가 마음에 편하지 않은 생각을 가지고 용모에도 수긍하지 못하는 기색을 드러내더니, 또 물었다. "원돈교는 무엇을 종지로 삼습니까?"

답하였다. "사람 사람이 스스로 보광명지普光明智를 가지고 있음을 종지로 삼습니다. 원圓은 만법을 융통하는 것이고 돈頓은 자심을 밝히는 것이니 이理를 통하지 않음이 없고 사事를 꿰뚫지 않음이 없는 것을 원돈이라고 합니다. 종宗은 근원이고 원源은 마음이니, 마음은 만법의 종원입니다. 만약 이 마음을 돈오하여 범인과 성인이 한 가지 이치로 일제히 평등해짐을 안다면 이것이 원돈의 종지입니다. 옛사람이 '끝없는 국토 경계에서 나와 남이 한 터럭만큼도 떨어져 있지 않고, 십세十世[101]의 고금에 시작과 끝이 바로 이 생각에서 떨어져 있지 않다.'[102]라고 하였던 것과 4조 도신道信이 우두 법융牛頭法融 선사에게 설했던 이야기도 역시 원돈의 종지입니다. 만약 실로 철저하게 심성을 깨닫는다면 어디에 원돈이라는 이름이 있겠습니까. 일체의 명상名相은 임시로 붙인 명상일 뿐이고, 선을 말하든 교를 말하든 역시 그렇습니다. 만약 마음의 근원을 깨닫지 못한다면, 이름을 들으면 이름에 집착하고 형상을 보면 형상에 집착하여, 자기의 견해를 고집하여 자기는 옳고 남은 그르다고 여기고 교만심이 높아져 서로 자신을 높이려 할 것입니다. 하지만 스스로 선지식이라고 칭하는 자들이 눈 밝은 달인을 만나면 비단 스스로 믿지 못할 뿐만 아니라 이르는 곳마다 만나는 사람들에게 달인을 비방하며 '어느 산 아무개는 삿됨을 훈습하고 마군에게 붙어 항상 외도법을 설하니 원컨대 참학하는 사람들은 그 설을 믿지 말아야 한다.'라고 말합니다. 괴롭게도, 삿됨을 가지고 올바름을 기만하여 도리어 상대방이 잘못되었다고 비방하니 한 사람의 말은 빈말이 되지만 대중의 말은 사실이 되어 '마군은 강하고 법은 약한 시대'라고 할 수 있을 것입니다."

방인 대사가 이 말을 듣고 격분하며 "눈 밝은 달인이 어느 곳에 있습니까? 도를 깨달은 사람을 전혀 보지 못하였습니다. 스님은 범부이면서 말로는 도를 통달한 듯이 하니 견해가 얼마나 잘못되었겠습니까? 선과 교를 섞어서 그 두 갈래의 길을 분명히 밝히지 못하고 모두 일심一心이라고 하니 저는 허망하다고 의심하는 것입니다."라고 하였다.

나는 웃으며 천천히 말하였다. "대사는 화내지 마십시오. 먼저 성냄을 경계해야 하니 저의 견해를 잘못 이해하였기 때문입니다. 선과 교는 하나의 이치이고 만법은 일심이거늘, 방인 대사는 어째서 각각 다른 단서를 붙잡고 굳이 선과 교를 구별하는 데 집착하는 것입니까? 만약 이것을 고집한다면 비단 자신만 삿된 굴에 들어가는 것일 뿐만 아니라 저 제월·춘파·풍담의 가풍에 누를 끼치는 것이고, 아울러 부처님과 조사들을 욕보이는 것이며 후학의 안목을 어둡게 하는 것입니다. 어찌하겠습니까. 세 분의 대사는 결코 스님처럼 편벽되이 망집에 국한되어 있지 않았을 것입니다. 부처님과 조사는 선과 교가 각각 다르다고 말하지 않았는데 방인 대사는 그 뜻을 모르니 저는 방인 대사가 홀로 잘못된 줄 알겠습니다. 그런데 저를 잘못되었다고 하니, 어찌 천착 만착 됨이 이와 같습니까. 원컨대 대사는 다시 밝은 스승을 찾아가서 공부하고, 다시 진실한 법을 깨달고 진실한 수행을 구하시기 바랍니다. 그런 연후에 오늘 자신의 견해를 돌이켜 생각한다면 반드시 크게 웃을 것이니 어찌 스스로를 부끄러워하지 않겠습니까. 대사가 만약 타심통을 얻지 못했다면 어찌 저의 지혜의 깊고 얕음과 지해知解의 삿되고 올바름과 선교의 알고 모름을 알겠습니까. 대사는 매번 교의 담론을 배척하고 선의 어록만을 찬탄하지만 『전등록』과 『선문염송집』의 말은 보지도 않고 다만 조주趙州의 무無 자 화두에만 구애되어 있습니다. 실로 깨달은 바 없이 다만 입으로 외우는 것으로써 자기의 견해를 과시하고 남의 칭찬을 구하는 꼴이니, 이래서야 되겠습니까. 저는 대사의 뜻이 선을 높이고 교를 낮추는 데 있음을 알고 있습니다. 하지만 만약 부처님이 설하신 경전의 내용이 모두 스님의 생각과 합치된다면 스님은 분명히 기쁘게 여기실 것입니다."

방인 대사가 화가 나서 어찌할 줄 모르다가 그 노여움을 이기지 못하고 말하기를 "교가敎家에서 어찌 선의 지취를 말하겠으며, 으르렁거리는 소리가 어찌 모두 호랑이 소리이겠으며, 말이 유창하다고 해서 어찌 선禪의 말이겠습니까."라고 하였다. 그리고 머리를 흔들고 손을 휘저으며 벽을 향해 돌아앉았다. 나는 힘을 다해 큰 소리로 방인 대사에게 말하였다. "선문의 말이 어찌 모두 높기만 해서 반연할 바가 없겠으며, 교가의 말이 어찌 모두 천근하고 쉬운 것이겠습니까. 선에도 세 근기로 나누어 보이는 법이 있고, 교에도 곧장 보이는 진법眞法이 있습니다. 『반야경』에서 '부처의 등불과 조사의 불꽃은 이 경을 벗어나지 않는다.'[103]라고 하였으니, 삼승분교三乘分敎[104]에서 이치와 교묘한 작용을 체득한다면 어찌 다시 '조사서래의祖師西來意'의 화두가 필요하겠으며, 황매黃梅[105]가 조계曹溪를 위해 반야를 설하여 마음을 전하겠습니까. 달마 대사는 『금강경』과 『능가경』은 내 마음의 요체이다.'[106]라고 하였습니다. 그러므로 '선은 부처의 마음이고 교는 부처의 언어이다.'라고 말하는 것입니다. 위로 부처님과 조사로부터 여러 가지 방편으로 근기에 맞게 법을 베풀어 모든 중생으로 하여금 집착을 깨뜨리고 종취를 드러내었을 뿐입니다. 오직 방인 대사만이 편벽되게 한마디 말에 집착하니 이래서야 되겠습니까."

방인 대사가 나에게 물었다. "그렇다면 무엇 때문에 목우자牧牛子는 청량淸凉의『화엄소華嚴疏』를 인용하여 선교가 다르다는 것을 논변하였으며, 청허淸虛는 사명四溟을 위해 선과 교의 다른 종취를 서술하였습니까?"

나는 답하였다. "이 역시 근기에 따른 방편설입니다. 청량이 어찌 선과 교의 같지 않음을 몰랐겠습니까. 다만 종지에 미혹하여 길을 잃은 자들에게 오로지 정혜定慧를 닦아서 보리를 증득하도록 하고자 했기 때문입니다. 목우자가 어찌 선교의 같음을 몰랐겠습니까. 다만 의리에 막혀 망회허랑忘懷虛朗[107]하지 못하는 자로 하여금 출신활로出身活路[108]를 알게 하고자 하였기 때문입니다.[109] 옛날의 종사에게 좋은 방편이 있었다면 오늘날의 선지식에게 어찌 선교방편이 없겠습니까. 사명이 비록 위대한 사람이라고 하지만 자기의 일을 통달하지 못하여 청허의 지견이 제방의 납자와 다르다는 말을 듣고 항의하고자 했기 때문에 서산에게 나아가 먼저 이해한 바를 말하였는데, 모두 명교名敎에 막히고 본지를 통달하지 못하였기에 서산이 듣고 한심하게 여기며 즉시『선교석禪敎釋』을 서술하여 보여 주었고, 이에 사명이 은밀한 뜻을 곧장 알아차렸으니 어찌 말에 집착하는 것을 깨뜨린 것이 아니겠습니까. 방인 대사가 또 이 말에 집착한다면 '말을 따라 계속 집착하는 자'라고 할 수 있을 것입니다. 내가 고승들의 행적을 보았는데, 여실한 언교를 통해 도를 깨닫고 성불한 자가 매우 많았습니다. 이로써 생각하건대, 만약 부처님이 먼저 방편적인 언어로 설하지 않았다면 응당 후세에 성불한 자도 없었을 것이라고 여겼습니다. 지금 방인 대사가 이해한 바를 보니 '선조의 경론 문자가 후인들에게 쟁론을 일으켜 도리어 번뇌를 증장시키고 있으니 무슨 이익이 있겠는가'라는 견해를 보이셨는데, 아! 방인 대사는 부디 알기 바랍니다. 일법一法을 돈오하면 부처님의 설이 묘법일 뿐만 아니라 제비와 앵무새 소리도 실상을 노래하는 진담眞談이 되고 삼라만상이 모두 조사의 활구가 아닌 것이 없는 것입니다. 하지만 만약 말에 집착하여 뜻을 이해하지 못하면 비록 팔만대장경을 외우더라도 모두 마군의 설일 뿐입니다. 그러므로 규봉 종밀이 '만약 자심을 요달하지 못하고 다만 명교에 집착하여 부처님의 도라고 여긴다면, 어찌 보지 못하였는가? 글자나 알아서 경전을 보는 것만으로는 원래 증오證悟하지 못하고, 조금 글자 뜻을 알아 해석하는 것만으로는 탐진치의 사견을 치성하게 할 뿐[110]이라는 것을.'이라고 말하였습니다. 하물며 선교에 각각 집착하는 것이겠습니까. 제가 어찌 선교의 같고 다름을 모르겠습니까. 사견에 막힐 것을 염려하여 같고 다름을 고집하지 않는 것입니다. 고덕古德이 '이 법이 마음에 있으면 선이라 하고, 입에 있으면 교라 하며, 몸에 있으면 율이라 하고, 정情에 있으면 불성이라 하며, 무정無情에 있으면 법성이라 하고, 원인에 있으면 보리반야라 하며, 과에 있으면 열반묘각이라 한다.'라고 말하였습니다. 가령 조주趙州의 차와 금우金牛의 반飯, 운문의 병餠과 일경一莖의 채菜는 그 말은 비록 다르지만 그 뜻은 같습니다. 비유하건대, 하나의 물방울은 있는 곳에 따라 이름이 달라져서 삼강三江, 오호五湖, 동명東溟, 서해西海라고 합니다. 가령 동서의 짠 바닷물과 남북의 담백한 강물은 그 물은 비록 다르지만 그 습기는 같습니다. 대개 들건대, 선과 교는 가섭과 아난으로부터 나누어 흘렀다고 하는데, 가섭은 높고 아난은 낮은 것입니까. 방인 대사는 불법을 비방하지 마십시오. 무간지옥에 들어갈까 걱정됩니다."

방인 대사가 합장하고 머리를 조아렸다. 다음날 내가 있는 처소를 방문하여 두 번 절하고 말하기를, "이제서야 처음으로 불법의 대의를 알았습니다."라고 하였다.

순치順治 계사년(1653) 8월, 경기도 포천군 천주산 신륵암에서 쓰다.

示龜巖堂印大師禪敎捴訣

夫心也者。沖虛妙粹。炳煥靈明。上而無頂。下而無底。亘古今而無始無終。含十虛而不有不無。欲言不見。昭昭於色。欲言不聞。歷歷於聲。言其小則至微難狀。語其大則極廣難量。能爲人天而非天。能作染淨而非淨。貫於儒釋之內。探於經書之外。通於凡聖之道。理於上下之事。法之玄玄。道之妙妙。莫非此心之虛靈不昧也。深窮於實際[1]理地。極至於向上牢關。難容擬議計較於其間。則亦莫非此心之浩然難狀者也。聖不云乎。人心惟危。道心惟微。若不精一。則難執厥中也。古德云。名不名狀不狀。盖謂此心也。此心上自諸佛。下至螻蟻。無不圓成。無不具足。恒沙性德。無量妙用。平等本有。但以衆生知見立知。起心動念。輪轉六道。故諸佛諸祖。出現于世。開示此心。欲令衆生悟入。其有衆生。愛欲所纏。樂着諸境。難以心法一門引入。由是佛祖設種種度生方便門。遇上根大智。直示眞法。對中下根。或說妙旨。而卽理卽事。卽體卽用。或說比喩因緣業果。乃至持犯開遮。微細條章。能令差別根性。皆入空門。竟歸實際。【眞實本際。所謂自心也。】若遇過量大機。則密付正法眼藏。涅槃妙心。此乃敎外別傳禪宗也。因此名數遂出。曰心。曰性。曰定。曰慧。曰禪。曰敎。曰頓。曰漸。乃至凡聖等法。千差萬別。難可盡宣。嗟夫末世模象撫指之輩。惟學文言。但執名相。隨語生解。合我者。讚而從之。違我者。毀而棄之。當此鬪諍牢固之時。何得恠也。以余慨恨世人之執言迷意。方知世尊會三歸一。圭山和會三宗之意。其意豈徒然哉。余於癸巳之秋。抱川郡中天柱新勤[2]庵。忽遇方印長老。自號龜岩。與之打話。語自禪旨。不樂敎詮。余私謂此師能得言外之旨。不滯方便之權。何幸忽逢知音喜之甚。印師自言。自幼受業於霽月春坡風潭三大師之高會。捿遲於五臺金剛妙香三山之勝地。今以中風所病。獨在僻處。積有年矣。與誰談道。向者適仍道祥師之經過。聞師聲華。欲一見之。豈意今日邂逅談論耶。乃問余曰。吾師近着[3]禪經否。曰然。曰禪經以何爲宗。曰以涅槃妙心爲宗也。次擧四集四敎之言問之。余一一答之。言言回趣自心。句句冥合本宗。如是問答五十餘言。印師心含未便之意。容現不肯之色。又問曰。圓頓敎以何爲宗。答曰。以人人自有普光明智爲宗也。圓者融萬法。頓者明自心。無理不通。無事不徹。曰圓頓也。宗者源也。源者心也。心爲萬法之宗源也。若頓悟此心。知其凡聖一理齊平。則是爲圓頓宗也。古人云。無邊刹境。自他不隔於毫端。十世古今。始終不離於當念。乃至四祖爲說牛頭融禪師之事蹟。亦是圓頓宗也。若實徹悟心性。則何處有圓頓之名。一切名相假名相。言禪言敎亦爾。若未悟心源。則聞名認名。見相着相。堅執己見。以己爲是。以人爲非。憍慢貢高。人我崢嶸。自稱知識者。若遇明眼達人。非特自不信。向到處逢人毁謗。云某山某人。熏邪着魔。常說外法。只願叅學之人。不信其說云云。苦哉。以邪欺正。反誹他非。一口傳虛。衆口傳實。可謂魔强法弱之時也。印大師聞之。憤起曰。明眼達人。何處現在。全不見悟道之人。吾師全是凡夫。語似達道而見解何誤耶。禪敎混迷。道不分明。皆謂一心。吾疑虛妄也。余笑而徐曰。大師不得憤起。第一戒嗔憤也。吾見解錯誤故。禪敎一理。萬法一心。印大師如何各執異端。禪敎別執爲定耶。若必如此。非徒自入邪窟。亦累他霽月春坡風潭之家風。兼辱佛祖。亦瞎後學之眼目也。如之何也。三大師必不如師之偏局妄執也。佛祖不言禪敎各異。印大師不知其意。吾知印師獨誤。而推我歸誤。何爲千錯萬錯如是耶。願大師更尋明師。更做[4]工夫。更悟眞法。更求眞修。然後返思今日自己所解。必發大笑。豈不自愧乎。大師若未得他心通。何知余之智慧之深淺。知解之邪正。禪敎之知不知耶。大師每斥敎談。偏讚禪語而不看傳燈拈頌之語。只拘於趙州無字之話。實無悟處。但以口誦。誇於己見。求於人讚。可乎。吾知大師之意。禪高敎卑也。若佛說經中皆叶師意之言。則師必喜歟。印大師。憤憤悱悱。不勝其怒曰。敎家何言禪旨。吼吼之聲。豈皆虎聲。灑灑之言。何爲禪話。掉頭揮手而回坐面壁也。余盡力抗聲。謂印師曰。禪門之語。豈盡高迥莫攀。敎家之言。何皆淺近容易。禪有三根示法。敎有直示眞法也。般若經云。佛燈祖焰。不外乎斯經。三乘分敎體理[5]得妙。何處更有西來意。黃梅爲曹溪談般若而傳心。達摩云。金剛楞伽。是我心要。故云禪是佛心。敎是佛語。從上佛祖。種種方便。爲機施設。令諸衆生。破執現宗而已。唯有印師。偏執一言。爲是可乎。印大師謂我曰。然則何故牧牛子。引淸凉華嚴䟽。辨禪敎逈異。淸虛爲四溟述禪敎異宗耶。余答曰。此亦對機方便也。淸凉豈不知禪敎不類。但引迷宗失旨者。專修定慧。將證菩提故也。牧牛子豈不知禪敎一體。只爲滯於義理。未能忘懷虛朗者。令知出身活路故也。古之宗師。若有善權。今之知識。豈無善巧乎。四溟雖稱偉人。然未達己事。得聞淸虛知見異於諸方。欲見降伏故。詣于西山。先吐所解。皆滯名敎。未達本地。西山聞之。慨然卽述禪敎釋示之。四溟頓領密旨。豈非破執談柄耶。印大師又執此言。可謂隨言轉執者也。余見傳迹所載。因如實言敎。悟道成佛者。比比有之。以謂若無先佛方便言語。應無後世成佛者。今見印師之所解。先祖經論文字。起諍後人。還增煩惱。何有利益哉。嗟呼印師。切須知之。若頓悟一法。則非徒佛說妙法。乃至鷰語鶯音。眞談實相。頭頭物物。無非活底祖意。若執言迷義。則雖誦八萬經藏。盡爲魔說。故圭山云。若不了自心。但執名敎以爲佛道者。豈不顯見。識字看經。元不證悟。銷文釋義。唯熾貪嗔邪見。而況禪敎各執耶。余亦豈不知禪敎異同耶。恐滯邪見。不必偏執是同是異也。古德云。此法在心曰禪。在口曰敎。在身曰律。在有情[6]曰佛性。在無情曰法性。在因曰菩提般若。在果曰涅槃妙覺。至於趙州茶。金牛飯。雲門餅。一莖菜。其言雖殊。其旨一也。譬如一水隨處立名曰。三江五湖。東溟西海。至於東西醎海。南北淡河。其水雖殊。其濕一也。盖聞禪敎。自迦葉阿難分流云。迦葉高阿難卑耶。印師印師。莫謗佛法。恐入無間。印師合掌頓首。翌日訪余寓所旅邸。再拜曰。今日始知佛法大義也。時維順治癸巳八月日。在京畿抱川天柱新勒庵述。

---

1) ㉠ '實際' 2자는 저본에 두 줄의 작은 글자로 되어 있으나, 본문 활자에 해당한다.
2) ㉠ '勤'은 '勒'의 오자이다. 3) ㉠ '着'은 '看'의 오자이다. 4) ㉠ '更做' 2자는 저본에 두 줄의 작은 글자로 되어 있으나, 본문 활자에 해당한다. 5) ㉠ '體理' 2자는 저본에 두 줄의 작은 글자로 되어 있으나, 본문 활자에 해당한다. 6) ㉠ '有情' 2자는 저본에 두 줄의 작은 글자로 되어 있으나, 본문 활자에 해당한다.

선객에게 보이는 결의론

　강희康熙 2년 계묘년(1663) 8월, 어떤 선객이 오대산과 금강산을 유람하고 나서 미륵산 고자암高自庵[111]에 있던 나를 방문하였다. 달빛이 가을밤 창가에 스며드는 가운데 서로 담화를 나누다가 참학參學의 문제에 이르렀다. 객이 일어나 정색하더니 무릎을 꿇고 나에게 말하였다. "풍문에 들으니, 서산 대사의 문도들이 한담을 나누다가 월봉月峯의 지견과 이해에 대한 논란이 성대하게 일어나서 시비가 자자했다고 합니다. 저는 그 말을 듣고 의심을 품는 데 그치지 않고 산과 강도 꺼려하지 않고 만나러 왔습니다. 원컨대 대사의 이해와 수행의 깊고 얕음을 들려 주어 저의 의심을 해결해 주는 것이 어떠하겠습니까?"
　나는 한참 생각하고 나서 선객에게 말하였다. "예나 지금의 사람들이 옳은 것을 옳다 하고 그른 것을 그르다 하며 선한 것을 선하다 하고 악한 것을 악하다 하는 것은 천하에 통하고 유교와 불교에 관통하는 공공의 말입니다. 설하거나 설하지 않거나, 듣거나 듣지 않건 간에 무슨 의심하고 의심하지 않으며 해결하고 해결하지 않는 뜻이 있겠습니까. 그러나 선객께서 나의 이해와 수행, 삿되고 바름의 허실을 듣고자 하시니 어찌 자세히 설하여 그 의심을 해결해 주지 않겠습니까. 원컨대 선객은 잘 들어 주기 바랍니다.
　월봉 무주암의 소연자昭然子는 12세 때 출가하여 15세 때 승려가 되었으며 17세 때 송파松坡 대사에게 수업하였고 25세 때 두류산의 벽암碧巖 대사에게 교학을 배웠으며 30세 때 금강산의 풍담楓潭 대사에게 선을 물었습니다. 그래서 학문의 뜻을 이루었고 참방參訪[112]의 서원 역시 이루었습니다. 이에 오직 취암翠巖이 보여 준 밀지密旨를 나의 이해로 삼고, 또 계율에서 설한 자인慈忍으로 수행을 삼았으며, 다시 치악산에 들어가 조용히 금선대金僊臺에 머물렀습니다. 병신년(1656)에 소백산에서 가을과 겨울을 보내고 마침 송파 대사의 부름을 받고 황악산에서 머물렀습니다. 경자년(1660)에 공덕산에서 봄과 여름을 보내고 구球 스님의 권청을 받아 상원암에 머무르며 혜공慧公에게 『원각경』을 강의하였고 준准 노인에게 활구를 보여 주었습니다. 그러나 성품이 본래 질직하고 자신의 견해를 숨기지 못해 비록 남의 비난을 받을 줄 알면서도 힘을 다해 토론하였습니다. 강석에서 법을 묻는 무리들과 멀리서 찾아와 법을 청하는 사람들이 혹은 의심하는 바를 묻기도 하고, 혹은 자기의 견해를 결론지으며 자주 논쟁을 벌이기도 하였지만, 오직 법을 아끼면 허물이 된다는 것만 생각하고 말조심하라는 계율은 생각하지 않고서 평소대로 설하였습니다.

그 처음에는 본분을 곧장 드러내는 가운데 간화와 염불의 법을 설하고, 나중에 자인慈忍과 수치修治의 행을 권하였습니다. 모두 성인의 가르침에 의거하여 근기를 보고 가르침을 주어서 지나치거나 모자람이 없게 하였습니다. 비록 선의 화두를 담론하더라도 어찌 억지 이해를 용납했겠습니까. 다만 선으로 허세 부리는 무리들이 널리 어지러이 시비를 일으켰습니다. 그들은 대부분 모상무지摸象撫指[113]의 견해로써 시호군봉市虎裙蜂[114]의 설에 미혹되어 콩과 보리를 구별하지 못하는 자이고 망설을 전하는 놈들입니다. 이로 말미암아 지난날 나의 문하에 있던 자들 중에 다만 설하는 것만 들을 뿐 스스로 돌이켜 비추는 공력이 없어서 아마도 공망空亡[115]에 떨어진 자들이 문득 풍문에서 말하는 의문을 듣게 되면 마침내 그 말에 동의했던 것입니다.

나는 자주 승려나 재가자를 만나는데, 나이의 많고 적음이나 머리의 영리하고 노둔함을 따지지 않으며 오래 참선하였는지 초심자인지를 가리지 않고 모두에게 '자심이 부처이니 마음 밖에 이룰 만한 부처가 없다. 자성이 법이니 성품 밖에 구할 만한 법이 없다. 심성 이외에 염불하고 참선을 말한다면 모두 사도邪道이다.'라고 말합니다. 만약 화두를 들고 있는 사람을 만나면 '언구에 집착하지 말라.'라고 하고, 염불하는 사람을 만나면 '자성의 부처님을 염불하라.'라고 합니다. 선을 말할 때는 철저하게 깨달은 경지가 있는 것처럼 설하고, 경전을 강의할 때는 말할 때마다 자심으로 돌아가라고 설합니다. 이런 말은 듣는 사람이 생각하는 경지를 넘어 있고 그 이해는 제방의 스님들과는 매우 다릅니다.

그래서 의문을 가진 자들이 이를 듣고 박장대소하며 '과연 틀렸도다.'라고 말하는데 어떤 객이 또 다른 스님의 부질없는 말을 듣고 나에게 그 말을 전하였습니다. 나는 환하게 웃으며 말하였습니다. '사람이 이 세상에 태어나서 누군들 시비가 없겠습니까. 모든 설하는 것은 모두 허망한 것이어서 꿈속의 꿈을 설하는 것이니, 무엇이 옳고 무엇이 그르겠습니까. 남이 나를 칭찬하더라도 나는 기뻐하지 않고, 남이 나를 비난하더라도 나는 화내지 않을 것입니다. 다만 객이 객의 말을 듣고서【한 객이 다른 객의 말을 들은 것이다.】이식耳識이 소리를 따르고, 객이 객의 말을 전하여 구업口業이 오염되어, 그 마음 부처를 변하게 할까 걱정될 뿐입니다.' 그 객이 살짝 비웃으며 물었습니다. '어찌하여 다른 사람과 생각이 같지 않다고 하여 스스로 시비를 일으키고 남의 비난을 불러들이는 것입니까?' 나는 답하였습니다. '나 역시 이러한 것을 잘 알고 있지만 오랜 습관을 고치지 못하고 있으니 어찌하겠습니까.' 그러자 그 객의 얼굴에 냉소하는 기색이 있었던 것 같습니다.

그 후에 또 어떤 선객이 남북으로 다니며 공부하고 스스로 자랑하며 말하였습니다. '수행이 높은 수좌首座들을 두루 찾아가 참구하고 이름난 종장宗匠들을 모두 찾아가 질문하여 그들이 가지고 있는 선교의 경론을 남김없이 널리 열람하였다.' 그 객은 다만 문자와 언어에 집착할 뿐 실제로는 재주가 없으면서 자기는 옳고 남은 그르다고 생각하는 자로서, 나(소연자)의 이러한 점을 범범하게 듣고서는 분을 참지 못하고 다음과 같이 말하였습니다. '내가 소연자를 만나면 말문을 열기도 전에 갑자기 대의를 물어서 한마디 말로 항복시킬 것이다. 그래서 스스로 부끄러워하여 다시

는 헛된 말과 분수를 넘는 말을 하지 못하도록 하겠다.'

그 객이 하루는 나를 찾아왔습니다. 내가 갑자기 물었습니다. '객은 어디서 왔습니까?' 객이 답하였습니다. '금강산과 오대산으로부터 왔는데, 오는 길에 수좌와 종장들을 참방하였습니다.' 나는 물었습니다. '무슨 법을 보여 주었습니까?' 객이 답하였습니다. '어떤 이는 운문雲門의 화두를 보여 주고, 어떤 이는 왕상시王常侍의 구절[116]을 보여 주었습니다.' 나는 물었습니다. '그 화두와 구절 외에 무슨 법을 설하였습니까?' 객이 갑자기 얼굴빛을 바꾸며 답하였습니다. '그 화두와 구절 이외에 무슨 수승한 법이 있어서 보여 줄 수 있단 말입니까. 나는 교의 가르침과 선의 담론을 보았습니다.' 또 내게 물었습니다. '선사와 강주들은 이른바 무無 자 화두는 종문 중에 제일의 관문으로, 이 무 자를 떠나서는 보일 만한 선이 없고 이 무 자를 떠나서는 배울 만한 법이 없다고 하였습니다. 만약 무 자 이외에 참구하고 배울 만한 것이 있다면 바로 망법일 것이니 내가 의심하는 것입니다. 스님은 무슨 법을 전수받았기에 남들과 다른 선을 설하는 것입니까?'

나는 답하였습니다. '나는 전수받은 법이 없습니다. 객이 선사와 강주의 말에 견고히 집착하여 말 밖의 진선眞禪을 알지 못하고, 다만 〈언구를 의심하지 않으면 큰 병이 된다.〉[117]라는 말만 알고 〈방편을 지키기만 하고 버릴 줄 모르면 병이 된다.〉[118]라는 말은 듣지 않은 것입니다. 옛사람의 게송을 보지 못했습니까.

> 다니던 길에서 자유롭던 토끼 한 마리
> 참매가 한 번 보고 곧장 생포하도다
> 뒤늦게 온 사냥개 미련하여
> 공연히 마른 작대기만 찾아 헤매네[119]

말세에 언구만 집착하는 자는 대부분 사냥개라는 소리를 면하지 못할 것입니다. 만약 무 자라는 말에 의거하여 모두 성불하는 것이라면 조주 이전에 부처와 조사가 없어야 할 것입니다.'

객이 크게 노하면서도 낮은 목소리로 말하였습니다. '근래 들었던 이와 같은 잘못된 말이 실제로 빈말이 아니었군요. 그렇다면 무無 자 화두를 참구하지 않아도 되겠습니까?' 나는 답하였습니다. '만약 참상하지 않는다면 무사갑无事匣120에 떨어져 헛되이 일생을 보내게 될 것입니다.' 객이 물었습니다. '참구해도 안 되고 버려도 안 된다면 결국 어떻게 해야 옳습니까?' 나는 답하였습니다. '옳은 것 또한 있지 않습니다.' 객이 물었습니다. '스님은 공에 떨어진 것이 아닙니까?' 답하였습니다. '객이 공에 떨어진 것이고 나는 공에 떨어지지 않았습니다.' 객이 물었습니다. '어찌 공에 떨어지지 않았습니까?' 나는 답하였습니다. '근본지의 보광普光이 예나 지금이나 비추고 있으니 어찌 스스로 공망空亡에 떨어진 것을 모르겠습니까.' 객이 물었습니다. '나는 경전과 교학의 가르침에 의거하고 있으니 어찌 공망에 떨어졌다고 하겠습니까?' 나는 답하였습니다. '경전의 가르침은 언어문자이고 지묵紙墨 위에 건립한 명구일 뿐 공망 아닌 것이 없습니다.'

객이 물었습니다. '그렇다면 문자에 의거하지 않아야 되는 것입니까?' 나는 답하였습니다. '문자에 의거하지 않으면 〈문자가 곧 해탈〉121이라는 말과 〈손가락을 통해 달을 본다〉122는 말과 어긋날까 염려됩니다. 만약 의거하고 의거하지 않음을 말한다면 반드시 객의 마음을 편안하게 하지 못할 것이고 나도 본분의 종지를 잃을 것입니다.' 객이 물었습니다. '원컨대, 종지에 대해 들려 주시기 바랍니다.' 나는 답하였습니다. '원종圓宗의 묘지妙旨가 모두 객에게 있지만 객이 알지 못하니, 비록 설하더라도 무슨 이익이 있겠습니까.' 객이 말하였습니다. '나는 이미 알고 있습니다.' 나는 물었습니다. '무슨 법을 알고 있습니까?' 객이 되물었습니다. '자심이 종지가 아닙니까?' 나는 답하였습니다. '그렇지 않습니다.' 객이 물었습니다. '자성이 아닙니까?' 나는 답하였습니다. '또한 그렇지 않습니다. 어찌 그리도 우매하십니까. 2조 혜가는 처음에 달마 대사가 보여 준 요문要門을 알지 못하고 인가를 구하고자 하여 심心과 성性을 설하였지만 달마 대사가 하나하나 열거하여 내려놓게 했으니, 어찌 자심과 자성의 말로써 우리 불가佛家의 종지로 삼을 생각을 했겠습니까. 이것은 귀신 집안의 살아갈 계책[123]일 뿐입니다.'

객이 물었습니다. '이것은 우리 같은 말세 중생이 논하거나 행할 바가 아닙니다. 오직 염불과 관상觀像의 법만이 삼세에 통하고 승속에 흡족한 것입니다. 참경懺經에서 〈십념十念에 왕생한다.〉[124]라고 하였는데 이와 같은 일들은 흔히 있는 일입니다. 모두 염불한다면 괜찮겠습니까?' 나는 답하였습니다. '되는 면도 있고 안 되는 면도 있습니다. 왜냐하면 모든 부처님의 방편은 근기에 맞게 베푸신 것으로 마치 병에 따라 약을 주는 것과 같아서, 참선할 만한 자에게는 선을 설하고, 염불할 만한 자에게는 염불을 설하셨기 때문입니다. 이것은 염불해도 되는 측면입니다. 그러나 근기가 아닌데 법을 설하는 것은 마치 둥근 구멍에 네모난 막대기를 꽂는 것과 같고, 감초를 구하는 자에게 황색 연꽃을 주는 것과 같으니, 이것은 염불해서는 안 되는 측면입니다.' 객이 물었습니다. '무엇이 참선의 근기이며, 무엇이 염불의 근기입니까?' 나는 답하였습니다. '만약 어떤 사람이 스스로 도를 증득하지 못하고 실로 방편법문에도 우매하다면 어떻게 그 사람을 위해 설하겠습니까. 비록 설하는 법이 있다 하더라도 모두 여우의 울음소리일 뿐입니다.'

객이 물었습니다. '지금 제방의 설법하는 여러 사람들이 우매하다고 생각하여 모두를 여우라고 해도 되겠습니까?' 나는 답하였습니다. '다른 사람이 도道에 대해 얻었는지 얻지 못했는지, 우매한지 우매하지 않은지는 물을 마셔 봐야 차갑고 따뜻한지를 아는 것과 같아서 도道 역시 그와 같이 해야 알 수 있는 것입니다. 그대는 타심통을 얻었습니까? 옛날 대이大

耳 삼장[125]은 비록 타심통을 얻었지만 남양 혜충南陽慧忠(?~775) 국사의 세 번째 물음을 알지 못하였습니다.[126] 무식한 말을 하지 마십시오.' 객이 물었습니다. '염불과 참선에 관한 말은 우선 그만두고, 나에게 한 가지 질문이 있으니 대사는 답하겠습니까?' 나는 답하였습니다. '물음이 있으면 대답하지 않을 수 없습니다. 허공에 있는 큰 종을 힘을 다해 치고, 맑은 연못에 비친 달을 마음대로 가지고 놀 것입니다.'

객이 이에 몸을 바로 세우고 단정히 앉아서 물었습니다. '하늘과 땅 사이에 무슨 물건과 무슨 법이 가장 광대하고 견고합니까? 바다와 산이 가장 크고 견고합니까?' (나는) 답하였습니다. '아닙니다.' (객이) 물었습니다. '하늘과 땅입니까?' (나는) 답하였습니다. '아닙니다.' (객이) 물었습니다. '달이 가장 크고 견고합니까?' (나는) 답하였습니다. '아닙니다.' (객이) 물었습니다. '태허가 천지를 함유하고 만유를 포함하여 일찍이 무너진 적이 없으니 태허의 공空이 가장 크고 견고합니까?' (나는) 답하였습니다. '아닙니다.' 객이 놀라며 물었습니다. '그렇다면 무엇이 가장 크고 견고합니까?' 나는 말없이 앉아 있다가 조용히 답하였습니다. '원각묘심이 가장 크고 견고합니다.' 객이 말하였습니다. '나는 이 세상에 태어나서 비록 불가佛家에 참여하였지만 오직 명교名敎의 헛된 말만 배웠을 뿐 아직 원각묘심을 깨닫지 못하였습니다. 지금 대사를 만난 것이 비록 이렇지만 유령臾嶺의 만남[127]과 용담龍潭의 만남[128]이 어찌 오늘의 만남보다 낫겠습니까.'

그리고 두 번 절하고 말하였습니다. '광대하고 견고한 원각묘심에 대해 저에게 설해 주십시오. 원컨대 듣고 싶습니다.' 나는 불자를 들고 보여 주며 말하였다. '이렇게 하면 자색 터럭의 불자拂子이고, 저렇게 하면 원각묘심이 아니겠습니까. 나의 게송을 들어 보시오.

서로 마주 앉아 선禪을 담론하는 자리
본래 물건 없음을 그대에게 보여 주었노라
그 가운데 무엇이 그대를 맑게 하였는가
산 색깔 시냇물 소리 궁핍한 집 안으로 들어오도다

객은 알겠습니까?' (객이) 답하였습니다. '알지 못하겠습니다.' 나는 말하였습니다. '알지 못하는 것이 아는 것이니 이것이 진정한 앎이라고 할 수 있습니다. 진정한 앎은 아는 것을 안다고 할 수 없는 것입니다.' 나는 문제점을 거듭 설하였고 객은 마음을 비우고 잘 듣더니 한참 후에 손으로 무릎을 치며 '듣는 자 누구인가. 바로 객의 주인공이며, 역시 원각묘심이로다.'라고 하였습니다.

나는 또 말하였습니다. '열반의 오묘한 성품, 이 성품은 천지만물의 근원이며 또한 범부와 성인, 더럽고 깨끗함의 근본입니다. 본원의 심성이 시방의 허공을 머금고 토해 내므로 〈허공이 대각에서 생겨나는 것이 마치 바다가 하나의 거품을 일으키는 것과 같다.〉[129]라고 하였으니, 원각묘심이 어찌 위대하다고 하지 않겠습니까. 원각의 심광心光이 법계에 청정히 가득 차 있으므로 〈허공이 분쇄되고 대지가 무너지며 너와 내가 모두 없어진다.〉[130]라고 하였고, 육진六塵은 더럽힐 수 없고 만상萬像은 무너뜨릴 수 없으므로 〈만 가지 변화에 처해도 그대로 움직이지 않고 큰 재난에 빠지더라도 완연히 그대로다.〉[131]라고 하였으니, 어찌 견고하지 않겠습니까. 또한 저 큰 원각묘심은 넓고 넓어 끝이 없고 태허를 초월해 있으므로 〈허공도 그 넓이에 미치지 못한다.〉라고 하였고, 신령스러운 빛으로 환하게 비춤은 해와 달보다 뛰어나서 〈해와 달도 그 밝음을 부끄럽게 여긴다.〉라고 하였습니다.[132] 깊고 깊어 밑바닥이 없어서 풍륜風輪[133] 보다 더 아래 있으므로 〈깊어서 측량할 수 없다.〉라고 하였습니다. 높고 높아 정상이 없어서 모든 하늘보다 위에서 누르고 있으므로 〈높아서 우러러볼 수 없다.〉라고 하였습니다. 능히 작아져서 인허鄰虛[134]에 쏙 들어가서 그보다 더 작은 것이 없고, 능히 커져서 법계를 널리 포괄하여 그보다 더 큰 것이 없습니다. 그 체體의 측면에서는 텅 비고 텅 비며 고요하고 고요하여 생겨나지도 멸하지도 않으며, 그 용用의 측면에서는 밝고 분명하여 보고 들을 수 있으며 태허太虛와 수명을 나란히 합니다.

원각묘심은 다만 객이 일상생활을 하는 가운데 있으므로 배고픈 줄 알고 목마른 줄 알며 추운 줄 알고 따뜻한 줄 알며, 더 나아가 갠지스강 모래알만큼이나 많은 공덕과 한량없는 오묘한 작용이 본래 원만히 성취되어 있어서 모자람도 없고 남음도 없습니다. 그러나 스스로 돌이켜 비추지 못한다면 항상 육진六塵을 쫓고 헛되이 윤회의 과보를 받아서 벗어나지 못하게 될 것이니 어찌 애석하지 않겠습니까. 만약 철한鐵漢[135]이 이 원각묘심을 들으면 단박에 깨닫고 그 자리에서 수용하여 자기의 남은 것을 미루어 만물에 미칠 것입니다. 혹시 아직 그렇지 않더라도 모든 인연을 뽑아 버리고 집착을 제거하여 특별히 큰 믿음을 발하고 분지憤志를 견고하게 세우며, 반드시 진의眞疑를 일으키며 가르침대로 수지하여, 처음부터 끝까지 선우善友를 부지런히 참예參詣하여 언제나 묻고 해결하며 날마다 걸러 내어, 점점 더 닦아 빛내고 점점 더 궁극의 현묘함을 알아야 할 것입니다. 그렇게 해서 혹 3일이나 5일이나 7일에 이르거나 아홉 달에 이르면 반드시 입처入處가 있을 것입니다. 입처를 얻은 후에 깨달은 스승의 허가를 받아서 다시 깊은 산속에 들어가 고요한 곳에 그윽이 머물러 깨달음에 의거하여 수행한다면 자유롭게 노닐게 될 것이니, 어찌 대장부가 아니겠습니까. 만약 배우는 사람이 처음에 선지식이 있는 곳에서 화두를 받아서 가르침대로 힘써 참구하되 겨울 석 달(동안거)과 여름 90일(하안거)이 지나도록 투철히 깨닫지 못한 경우는 배우는 자가 신근信根과 입지立志와 의정疑情이 없는 것이고, 종사 또한 선교방편으로 깨달음에 들어가게 하는 좋은 방법이 없는 것입니다.'

객이 말하였습니다. '엎드려 듣건대, 원각묘심의 돈법頓法과 돈종頓宗의 공부하는 가르침은 우리 같은 초급생의 하근기 중생은 헤아리지 못하므로 부처님의 글을 읽고 부처님의 명호를 외우다가 죽어서 서방 극락세계의 백성이 되어 직접 아미타불을 친견하고 무생법을 들은 후에 성불하는 것만 같지 못하다고 하니, 그것이 더 쉽지 않겠습니까. 대사께서는 하필 말세에 태어나 믿음 없는 범부들에게 공연히 깨닫기 어렵고 수행하기 어려운 묘심妙心을 설하시니, 무슨 이익이 있겠습니까? 이익이 없을 뿐만 아니라 스스로 비방을 불러들여 타인까지 무간지옥에 들어가게 할 것입니다. 어찌 스스로 수행하는 길에 방해가 되지 않겠습니까?'

나는 답하였습니다. '천 개의 경전과 만 개의 논서에 있는 글은 다만 마음을 깨달아 성품을 보는 법을 설하고 있을 뿐이고, 삼세제불 시방여래는 모두 마음을 깨달아 성품을 본 사람들입니다. 서방의 백색의 백은 금이고 금은 황이며, 황색은 중도를 나타내고 중도는 중생과 부처의 평등한 자심입니다. 아미타는 한자로 무량수無量壽라고 하거나 무량광無量光이라고 하니, 사람마다 본래부터 가지고 있는 지혜의 무량광명으로서 자심불이고, 또한 사람마다 생멸하지 않는 무량수로서 자심불입니다. 무생의 법은 사람마다 본래 가지고 있는 생멸함이 없는 자심법입니다. 목우자 지눌은 〈사람마다 일상생활을 하는 가운데 분명하고 분명하게 능히 알고 있는 마음은 시절의 운행과 관련이 없다.〉[136]라고 하였고, 마명보살은 〈법이라는 것은 중생심이다.〉[137]라고 하였으며, 『금강반야경』에서는 〈비록 말세중생이라고 하더라도 신심이 견고하면 능히 실상을 생겨나게 할 수 있다.〉[138]라고 하였고, 운문은 〈이 마음은 사람마다 모두 가지고 있어서 항상 행주좌와 하면서 보고 듣고 지각하고 인식하는 곳에 드러나 있다.〉라고 하였습니다. 지극히 가까이에 분명하게 있으니 어찌 이해하기 어려울 게 있겠습니까. 이러한 말들은 부처와 조사의 진실되고 간절한 말씀이니 어찌 사람들을 속이는 말이겠습니까.

우리 선객들이 스스로 신심이 없고 스스로 게으름을 내며, 스스로 물러서려 하고 스스로 어렵다는 생각을 내며, 스스로 분간 없는 데에 떨어져, 멀리 여러 성인에게 미루기 때문에, 자심自心과 자성自性에 대한 이야기를 들으면 의미가 깊어서 이해하기 어렵다고 여기고, 서방미타를 들으면 수준이 낮아 이해하기 쉽다고 여기니, 이를 지혜인이라고 할 수 있겠습니까. 대혜 종고가 〈사대부들이 이러한 이야기를 들으면 곧바로 공에 빠진 것이 아닌가라고 말하는 것은 흡사 배가 아직 뒤집어지지도 않았는데 먼저 물에 뛰어드는 것과 같다.〉139라고 말한 것이니, 이러한 선객들을 가리켜 말한 것입니다. 평소에 배운 경서를 어디에 활용하려고 하였기에 과문하고 무식함이 이와 같이 심합니까. 조사가 말하지 않았습니까. 〈만약 자심의 돈법을 들으면 금생에 비록 철저히 깨닫지 못하더라도 내생에 태어나서 받아들여 활용할 수 있을 것이다.〉140라고. 만약 마음의 근원을 깨닫지 못하면 비록 염불하고 참선하며 여러 가지 고행을 진겁塵劫토록 하더라도 한갓 고행만 할 뿐이어서 모래를 쪄서 밥을 짓는 것과 같을 것입니다. 또 마치 진흙으로 만든 구슬은 마침내 진흙이 되지만 금은으로 만든 구슬은 마침내 금은이 되는 것과 같습니다. 중생의 망정은 어리석음으로 어짊을 속이고, 삿됨으로 바름을 기만하는 것이니, 비록 비방하는 자가 있더라도 무슨 부끄러워할 것이 있겠습니까. 객이 자심돈법을 비방하는 것은 손해만 있고 이익이 없으며 내가 심법을 설하는 것은 이익만 있고 손해가 없는 것입니다. 제방의 사람들이 나의 옳고 그름을 말하면서 자기의 잘못을 살피지 않으니 가소롭지 않겠습니까.

어떤 산의 어떤 수좌首座는 어려서부터 본래 실제의 깨달음이 없이 오랫동안 헛되이 적묵寂默만을 지켜 오다가 때를 잘 만나 이름이 높지 않은 데도 세상에서 귀의하는 이가 있어, 스스로 선지식이라고 칭하고 마음 착한 남녀를 잘못되게 이끌고 있습니다.

어떤 사찰의 어떤 종장宗匠은 어려서부터 문자를 배우고 이해하는 것을 업으로 삼아 관행觀行하여 속세로부터 벗어나려는 마음을 끝내 품지 못하고 말년에 이르도록 글줄만 찾고 문자만을 헤아리다가 심인心印을 깨닫지 못하였는데 잠시 숙덕夙德이 있어서 귀의하는 자가 있어, 스스로 법왕이라고 칭하니 스스로 잘못되는 것은 괜찮지만 남의 눈을 멀게 함이 적지 않습니다.

또 한 부류의 사람은 마음 다스림이 자유자재하고 몸가짐이 정결하며 세상의 이익을 탐내지 않고 사람 일에 구애되지 않으며 밥그릇 하나와 옷 한 벌로 정해진 거처가 없고 도인 같은 모습이지만 본래 정견正見이 없고 다만 세상의 지혜로써 변설이 좋고 괴이한 담론을 잘하여, 경전을 읽지 않았으면서도 종장들을 제멋대로 평가하고, 선을 참구하지 않았으면서도 수좌들을 평가합니다. 마음속으로는 자인慈忍하지 않지만 얼굴은 온순하여 겉으로 위의를 갖추고서 세속 사람들을 속여서 미혹시키는 자이니, 〈무지하고 방일하여 마치 거꾸로 매달린 원숭이 같은 자〉[141]라고 말할 수 있을 것입니다.

또 한 부류의 사람은 본디 영웅의 기상을 가지고 있으면서 다만 호걸의 마음만을 기르고, 지나치게 남을 항복시키려는 마음을 품고서 어리석게도 중생을 제도하려는 마음을 내며, 자신은 마군 외도의 정념情念에서 벗어나지 못하면서 저 도력 있는 높은 사람들을 기만하는 자입니다. 괴롭습니다. 이런 사람은 〈뱃속은 비어 있고 마음만 높아서 마치 굶주린 호랑이 같은 자〉[142]라고 할 수 있을 것입니다.

이 네 부류의 사람들은 인간 세상에서는 준걸俊傑이라고 할 수 있겠지만 출세간에서는 어리석은 범부라고 할 수 있을 것입니다. 그래서 이 네 부류의 사람들이 바른 앎과 바른 견해를 가진 선인善人을 비난합니다. 비유하자면, 우물 안에 앉아 바라보면서 태산에서 바라보는 것에 빗대고, 당나귀의 느린 걸음이면서 준마의 나는 듯이 달리는 것에 빗대며, 참새나 뱁새의 병든 날개를 곤새와 붕새의 힘찬 날개와 같다고 여기는 꼴입니다.

또한 모기나 등에가 태허太虛를 쳐서 움직이려는 것과 같고, 땅강아지나 개미가 철기둥을 흔들어 뽑으려는 것과 같습니다.'"

선객이 머리를 숙이고 듣더니 일어나 절하고 합장(叉手)하며 말하였다. "어찌 다른 사람이겠습니까. 내가 바로 어리석은 객입니다." 나는 웃으며 말하였다. "미혹한 사람인 체하여 남의 삿됨과 바름을 시험하려 하고, 자신의 지혜를 숨기고 남의 허실을 간파하려 하며, 일부러 어눌한 말을 하여 남의 말이 우매한지 지혜로운지를 들으려 하고, 자신의 기술을 드러내지 않고 남의 기술이 교묘한지 졸렬한지를 보려 하는 자는 인자하고 지혜로운 자로서 현자와 성인이 중생을 제도하는 훌륭한 임시방편이지, 그대 같은 어리석은 객이 할 바가 아닙니다. 나의 게송을 들으시오. '석두 스님을 찾아가는 미끄러운 길[143]이 어찌 빈말이겠으며, 사자의 허리 꺾음[144] 또한 실제의 말이로다. 이제부터 객은 눈 밝은 이를 찾아야 하리니, 큰 도는 말에 의거하지 않음을 알라.'" 선객은 감히 우러러보지 못하고 입을 닫고 주저주저하며 물러났다.

示禪客決疑論

康熙二年癸卯仲秋日。適有禪客。遊翫五臺金剛。而來訪余于彌勒高自庵。秋窓夜月。相與談話。語及叅學之事。客起而歛容正色跪坐。謂余曰。風聞西山禪流之閑話。盛論月峯之知見解會。是非藉藉。不止聞之懷疑。不憚山水。得得來見。願聞大師之解行深淺。以決客疑。如何。昭然子良久謂客曰。古今之人是是非非。善善惡惡之說。通天下貫儒釋之公言也。說不說聞不聞之間。有何疑不疑。決不決之意耶。然吾客欲聞昭然之解行邪正虛實。何不細陳以決其意乎。願客審聽焉。月峯無住庵昭然子。十二出家。十五爲僧。十七受業於松坡。二十五聽敎於頭流之碧巖。三十歲問禪於金剛之楓潭。學問之志已償。叅訪之願亦畢。於是唯以翠巖所示密旨爲己解。又以毘尼所說慈忍爲自行。再入雉岳。靜居金僊。丙申之秋過冬小伯。適蒙松坡之寵召。依住黃岳。庚子之春。結夏功德。幸被球師之勸請。忝住上院。爲慧公講圓覺。爲准老示活句。而性本質直。不諱己見。雖知人譏。盡力激揚也。講下問法之徒。方來請益之人。或問所疑。或結己解。頻頻問難。而唯念慳法之咎。不思賤賣之戒。尋常說示。其初直示本分中。說看話念佛之法。後勸慈忍修治之行。皆依聖訓。觀根逗敎。令無過欠。雖談禪話。豈容臆解。但是虛頭之禪流。漫興是非之紛拏。多以摸象撫指之見。惑於市虎裙蜂之說。不辨菽麥之者。傳言妄說之漢。由是昔日。雖在昭然之門者。但聽說底。自無返照功故。疑落空亡之際。忽逢聞風疑問者。遂與共說。昭然子頻遇緇素。不問老少利鈍。不辨久叅初機。皆云自心是佛。心外無佛可成。自性是法。性外無法可求。心性之外。若言念佛叅禪。則盡是邪道。若見看話者。不着言句。若見念佛者。須念自性佛。其說禪也。似有徹悟處。其講經也。言言歸自心。其語也。越分過頭。其解也。迥異諸方也。疑問者聞之。抃掌大笑曰。果然誤也。有客又聞二客之浮說。傳於昭然。昭然完爾而言曰。人生斯世。誰無是非。凡所有說。皆是虛妄。夢中說夢。何是何非。人若讚吾。吾不喜也。人若毀我。我不怒也。但恐客聞客語。【一客聞二客之言也】耳識隨聲。客傳客說。口業染汚。變其心佛也。其客微哂曰。何不如他人。而自興是非。招得人譏耶。昭然曰。我亦能知如此。不改舊習。奈如之何。其客似有冷笑之色也。其後又有禪客。遊學南北自矜曰。高行首座。我已徧叅。名現宗匠。我亦盡問。所有禪敎經論。博覽無餘也。其客也。但執文言。無實伎倆。自是人非爲心者也。泛聞昭然之如此。不勝其曰。我見昭然。則渠未出言。緊問大義。一言之下能降。令見自愧。更不出虛頭之說。越分之言也。其客一日訪於昭然。昭然遽問曰。客從何來。客曰。從金剛五臺而來。來時叅某首座。某宗匠。余問示何法。客曰。或示雲門之話。或示王常侍之句。問曰。話句外說何法。客忽然變色曰。話句之外。有何勝法示人耶。我見敎詮禪談。又問禪師講主所謂無字話。宗門中第一關。離此無禪可示。離此無法可學。無字外。若言有叅有學。則定是妄法。吾疑耶。徒吾師傳受何法別說禪耶。昭然曰。我無傳法也。吾客堅著語下。不識言外之眞禪。唯知不疑言句是爲大病之言。不聞守方便不捨則爲病之言也。不見古人之頌乎。一兎橫身當古路。蒼鷹一見便生擒。後來獵狗无靈性。猶向枯樁舊處尋。末世唯着句下者。多未免獵狗之稱也。若依无字言皆成佛道。則趙州之前。无佛祖耶。客大怒抗聲曰。頃聞若此之誤。實不虛也。然則無字不叅可乎。昭然曰。若不叅詳。則恐落无事匣裡。虛棄一生也。客曰。叅不得棄不得。畢竟如何即是。昭然曰。是亦不存也。客曰。吾師莫是落空否。曰。客自落空。吾不落空。客曰。何不落空。昭然曰。本智普光照古今。如何自昧落空亡。客曰。吾依經教所說。何謂落空亡。昭然曰。經之所詮。是言語文字。是紙墨上。建立名句。无非空亡也。客曰。然則不依文字可乎。昭然曰。若不依文字。則恐違文字即解脫之言。與因指見月之言也。若言依不依。則必使客心不安。吾亦失本分宗旨也。客曰。願聞宗旨。昭然曰。圓宗妙旨。都在客也。客自不知。雖說何益。客曰。我已領領。昭然曰。領底何法。客曰。自心是宗旨否。昭然曰。不然也。[1] 客曰。自性是否。曰。又不然。豈不見道。二祖初不識達摩所示要門。欲求印可。說心說性。達摩一一列下。[2] 何以自心自性之言。思惟爲吾家宗旨耶。是爲鬼家活計也。客曰。此非如我末世衆生之所論所行。唯念佛觀像之法。通於三世。愜於僧俗。懺經云。十念往生者。[3] 比比有之。皆爲念佛可乎。昭然曰。有可不可也。何也。諸佛方便。對機施設。如對病設藥也。可爲於叅禪者說禪。可爲於念佛者說佛。此則可也。非機說法。如圓鑿方枘。又如求甘草者。施黃蓮。此則不可也。客曰。何者是叅禪機。何者是念佛機耶。昭然曰。若人自未得道。實昧方便法門。何爲人說。雖有說法。皆是野干鳴也。客曰。如今諸方多小說法之人。想應悉昧者。皆謂野干可乎。昭然曰。他人於道。得不得昧不昧。如人飮水冷煖自知。亦同道方知吾客得他心通否。昔大耳三藏。雖得他心通。不知國師第三問也。莫說無識之言也。客曰。念佛叅禪之言且止。吾有一言。大師答否。昭然曰。有問不可無答。[4] 在虛洪鍾。随力扣擊。淸潭水月。任意摸摩。客於是聳身危坐而問曰。天地之間。何物何法。最廣最大而堅實乎。海嶽爲大而堅乎。答曰。非也。問曰。天地。日月爲大而堅乎。答曰。非也。問。太虛含天地。包萬有。未嘗成壞。以大虛空爲大而堅乎。答曰。非也。客驚曰。然則誰爲大而堅乎。昭然子默然而坐。動容而言曰。圓覺妙心爲大而堅也。客曰。予生乎兩間。雖預空門。唯學名敎之言言。未曉圓覺之妙心。今遇大師。雖是。臾嶺之遇。龍潭之逢。豈過於今日之遇。再拜曰。廣大堅固圓覺妙心。爲我宣說。願欲聞之。昭然子擧拂子示曰。這箇是紫毫拂子。那箇不是圓覺妙心。聽吾偈言曰。相對禪床談話是。本來無物贈君看。箇中何事淸人骨。山色溪聲入戶寒。客知歟。曰。不知。昭然曰。不知者知之。是可謂眞知也。眞知不可以知知也。重說葛藤。虛懷諦聽。良久以手拍膝云。能聽者[5]是誰。卽客之主人公。亦是圓覺妙心。又曰。涅槃妙性。此性爲天地萬物之源。亦爲凡聖染淨之本。本源心性。含吐十方虛空。故云空生大覺中。如海一漚發。豈不謂大乎。圓覺心光。淸淨彌滿於法界。故云虛空粉碎。大地平沉。物我俱亡也。六塵不能染汚。萬像不能侵壞。故云處萬變而如如不動。淪浩劫而宛爾常存。豈不是堅也。且夫大圓覺妙心者。廣博無邊。越彼太虛。故云虛空讓其廣也。靈光炳煥。逾乎日月。故云日月漸[6]彼明也。深深無底。過於風輪。故云深不可窺也。高高無頂。壓於諸天。故云高不可仰也。能小也。細入鄰虛而無內。能大也。廣包法界而無外。其爲體也。空空寂寂。不生不滅。其爲用也。明明歷歷。能見能聞。與太虛齊壽之。圓覺妙心。只在客之日用中。知飢知渴知寒知熱。乃至恒沙功德。無量妙用。本來圓成。無欠無餘。而自不返照。長逐六塵。枉受輪廻。無由出離。何不自哀乎。若是鐵漢。此圓覺妙心。聞卽頓悟。現成受用。推己之餘。以及萬物。其或未然。擺撥萬緣。除去執着。特發大信。堅立憤志。決起眞疑。如敎修持。始終勤叅善友。時時問決。日日陶汰。輾轉磨光。轉輾窮玄。或至三日五日七日。乃至九旬。必有入處。得入然後明師許可也。再入林巒。幽居靜室。依悟修行。任運騰騰。騰騰任運。豈非大丈夫耶。若有叅學之人。初於善知識處。

授受話頭。如敎窮究。三冬九夏未透者。當人自無信根立志疑情。而宗師亦
無善巧方便。令人悟入之善法故也。客曰。伏聞圓覺妙心之頓法及頓宗。做
功之說。如我初生。下根衆生。擬議不及。不如誦佛之文。念佛之名。死爲
西方之民。親見彌陁之佛。親聞無生之法。然後成佛。豈不容易耶。大師何
爲當於末世。對於無信凢夫。空說難悟難修之妙心。有何利益。非徒無益。
自招毁謗之譏。令他人入無間之獄。豈不害於自修之道乎。昭然子答曰。千
經萬論之文。只是悟心見性之法。三世諸佛。十方如來。皆是悟心見性之
人。西方白色。白卽是金。金卽是黃。黃色表中道。中道生佛平等之自心也。
阿彌陁。此云無量壽。亦云無量光。此是人人本智無量光明。亦是人人不生
滅無量壽。自心佛也。無生法者。人人本有無生滅自心法也。牧牛子云。人
人日用了了能知之心。不關時運。馬鳴菩薩云。所言法者。[7] 衆生心。金剛
般若經云。雖是末世[8] 衆生。信心堅固。能生實相。雲門云。此心人人具有。
常現於行住坐臥見聞覺知處。太近分明。何有難解耶。此等言佛祖誠實懇
苦之說。豈欺人哉。吾之禪客。自無信心。自生懈怠。自生退屈。自生艱阻。
自墮無分。遠推諸聖故。聞自心自性則以謂深遠難解。聞西方彌陁。則以謂
淺近容易。可謂智慧人乎。妙喜云。士大夫聞恁麽說話。便道莫落空否。喩
似舟未翻時。先自跳下水去。指吾客而言也。平生所學經書。要求何用。寡
聞無識。若此之甚耶。祖師不云乎。若聞自心頓法。今生雖未徹悟。來生出
頭來。現成受用。若未悟心源。則雖有念佛叅禪乃至種種苦行。歷於塵劫。
徒勞苦行如蒸沙作飯。又如泥土作珠。終成泥土。金銀作珠。終是[9] 金銀
也。衆生之妄情。以愚欺賢。以邪譏正。雖有毁謗。何可恠耶。客毁自心頓
法。有害無益。吾說心法。有益無害也。諸方有人。說昭然之是非。而不察
自己之非。不亦可笑乎。某山某首座。自少本無實悟者。多年空守寂默。適
時名而不高。世或歸依故。自稱知識。誤他善心男女者也。某寺某宗匠。自
幼文字解學爲業。觀行出世。終不掛懷。終年竟歲。尋行數墨。未得心印。
暫有夙德。人或依付故。自稱法王。自誤猶可。瞎人眼不少者也。又有一類

人。治心灑灑。持身潔潔。不貪世利。不拘人事。單瓢一衲。居無定處。形似道人。本無正見。但以世智辯聰。能說佺談。不讀經而高下宗匠。不叅禪而褒貶首座。心不慈忍。面行溫恭。外現威儀。誑惑世俗者。可謂無知放逸似顚猿也。又有一類人。自有英雄之氣。但養豪傑之心。狂抱降人之念。愚出度生之心。昧自魔外之情念。譏他有道之高人。苦哉。可謂空腹高心如餓虎也。此四類。雖曰。人世之俊傑。可謂出世之愚夫也。如是四流。譏毁正知正見之人。譬如坐井之見。擬泰山之望。跂驢之鈍步。追駿馬之飛行。若雀鷃之病翼。並鷗鵬之逸翩。又如蚊蝱鼓太虛而令動。螻蟻撼鐵柱而欲拔也。禪客俛首聽之。起拜叉手曰。豈異人乎。如我愚客是也。昭然子笑曰。佯似迷人。欲驗人之邪正。隱匿自智。勘破人之虛實。暗吐拙言。聽彼言之愚智。微現自述。看他藝之巧拙者。此乃仁人智者。賢士聖流度生濟人之善權方便。非汝愚客之所爲也。聽吾偈曰。石頭路滑豈虛言。獅子腰摧亦實言。從此客尋明眼漢。須知大道不依言。禪客不敢仰視。杜口逡巡而退。

---

1) ㉮ '然也' 2자는 저본에 두 줄의 작은 글자로 되어 있으나, 본문 활자에 해당한다.
2) ㉮ '列下' 2자는 저본에 두 줄의 작은 글자로 되어 있으나, 본문 활자에 해당한다.
3) ㉮ '生者' 2자는 저본에 두 줄의 작은 글자로 되어 있으나, 본문 활자에 해당한다.
4) ㉮ '無答' 2자는 저본에 두 줄의 작은 글자로 되어 있으나, 본문 활자에 해당한다.
5) ㉮ '聽者' 2자는 저본에 두 줄의 작은 글자로 되어 있으나, 본문 활자에 해당한다.
6) ㉯ '漸'은 '慚'의 오자인 것 같다. 7) ㉮ '法者' 2자는 저본에 두 줄의 작은 글자로 되어 있으나, 본문 활자에 해당한다. 8) ㉮ '末世' 2자는 저본에 두 줄의 작은 글자로 되어 있으나, 본문 활자에 해당한다. 9) ㉮ '作珠終成泥土金銀作珠終是' 12자는 저본에 두 줄의 작은 글자로 되어 있으나, 본문 활자에 해당한다.

『월봉집』 제1권 끝

月峯集 卷之一 終

주

1 소연자昭然子 : 이 글에서 '소연자'는 글을 쓴 저자를 말한다. 이는 뒤쪽에 나오는 「선객에게 보이는 결의론」에서 확인된다.
2 공문空門 : 불교의 다른 표현이다.
3 종교宗敎 : 불교의 종취宗趣, 즉 핵심적인 가르침을 의미한다.
4 만약 색으로~못할 것이다 : 『金剛般若波羅密經』(T8, 752a).
5 나는 불법을 알지 못한다 : 『六祖大師法寶壇經』(T48, 358a).
6 석가도 알지~수 있겠는가 : 청허 휴정淸虛休靜(1520~1604), 『禪家龜鑑』(H5, 61a).
7 이 성성은~낮음이 없다 : 『金剛般若波羅密經』(T8, 751c); 『大方廣佛華嚴經』 권18(T10, 96a).
8 누런 잎사귀는~돈이 아니고 : 『大般涅槃經』 권18(T12, 729a).
9 달을 보거든~잊어야 한다 : 규봉 종밀圭峰宗密(780~841), 『大方廣圓覺修多羅了義經略疏』 권2(T39, 555c).
10 한유韓愈(768~824) : 당송팔대가 중의 한 명이며, 자는 퇴지退之, 호는 창려昌黎, 시호는 문공文公이다. 중국 성리학의 시조로 여겨질 만큼 유학의 부흥을 위해 노력하였다. 또한 당시 유행하던 규칙적인 운율의 변려문을 배격하고 자유롭고 간결한 문체의 사용을 주장했다.
11 유종원柳宗元(773~819) : 당송팔대가 중의 한 명이며, 자는 자후子厚이다. 한유와 함께 고문운동을 제창하여 당시 유행하던 규칙적인 운율의 변려문을 배격하고 자유롭고 간결한 문체의 사용을 주장했다.
12 이백李白(701~762) : 두보와 함께 당나라 최고의 시인으로 평가받는다. 자는 태백太白이고 청련거사靑蓮居士라고 불린다. 그가 지은 1천여 수의 시가 전한다.
13 두보杜甫(712~770) : 이백과 함께 당나라 최고의 시인으로 평가받는다. 자는 자미子美이고, '두릉杜陵의 포의布衣' 또는 '소릉少陵의 야로野老'라고 자칭하였다. 그가 지은 1천 5백여 수의 시가 전한다.
14 왕희지王羲之(307~365) : 동진東晉의 서예가로서 자는 일소逸少이며, 351년에 우군장군에 임명되어 왕우군王右軍이라고도 불린다. 한漢나라 때 성립된 해서楷書·행서行書·초서草書의 실용적인 글자를 예술적인 서체로 승화시켜 서성書聖으로 존경받고 있다.
15 장지張芝(?~192) : 후한後漢의 서가書家로서 자는 백영伯英이다. 장초章草에 뛰어나 초성草聖이라고 일컬어졌다.
16 신자身子 : 부처님의 십대 제자 중 지혜 제일인 사리불을 가리킨다.
17 만자滿慈 : 부처님의 십대 제자 중 설법 제일인 부루나를 가리킨다.

18 도안道安(312~385) : 오호십육국 시대의 승려로 속성은 위衛이고 하북성 기현冀縣 출신이다. 불도징佛圖澄의 제자가 되어 공부했다. 이후 양양襄陽에서 반야학을 강론했는데, 전진前陳 왕 부견符堅이 도안을 곁에 두기 위해 양양을 공격하자 전진의 수도 장안長安으로 이주하여 불경을 번역하며 후학들을 가르쳤다.

19 구마라집鳩摩羅什(344~413) : 실크로드에 있는 구자국龜玆國 출신으로, 후진後秦의 장안長安으로 와서 약 300여 권의 불전을 번역하였으며 많은 제자를 배출하였다. 당나라 현장과 함께 중국 2대 역경가로 평가받는다.

20 혜능慧能(638~713) : 중국 선종의 제6조로서 '육조대사'라고 불리며 남종선의 시조이다. 그의 법문을 엮은『六祖大師法寶壇經』이 전한다.

21 신수神秀(605?~706) : 중국 선종에서 북종선의 시조이다. 당나라 측천무후·중종·예종 3대에 걸쳐 국사를 지냈고 6년간 장안과 뤄양의 법주를 지냈다.

22 마명馬鳴 : 5세기 인도의 불교학자로서『大乘起信論』의 저자로 알려져 있다.

23 용수龍樹 : 2~3세기 인도의 불교학자로서 대승불교 중관학파의 창시자이다. 그의 저술로는『中論』,『大智度論』,『十住毘婆沙論』,『十二門論』등이 전한다.

24 대혜 종고大慧宗杲(1089~1163) : 선종의 일파인 임제종臨濟宗 승려로서 속성俗姓은 해奚, 자字는 담회曇晦, 호號는 묘희妙喜 또는 대혜大慧이다. 간화선看話禪의 창시자이며 그의 저서『大慧普覺禪師語錄』가운데 권25~30에 해당하는 부분이『書狀』이라는 제목으로 간행되어 조선 후기에 크게 유통되었다.

25 그대가 공에~공하지 않은가 : 대혜 종고,『大慧普覺禪師語錄』권25(T47, 917c).

26 송파松坡 대사 : 송파 각민松坡覺敏(1596~1675). 치악산 각림사覺林寺 한계 스님에게 출가하고, 사명대사 유정의 법손인 송월 응상松月應祥(1572~1645)의 법을 이었다.

27 벽암碧巖 대사 : 벽암 각성碧巖覺性(1575~1660). 지리산 화엄사華嚴寺 설묵 스님에게 출가하고, 부휴 선수浮休善修(1543~1615)의 법을 이었다. 임진왜란 의승병으로 참전하였고, 팔도도총섭으로서 남한산성 축성을 지휘하였다. 이때 그 공로를 인정받아 '보은천교원조국일도대선사報恩闡敎圓照國一都大禪師'라는 직함을 하사받았다. 병자호란이 발발하자 의승군 3천 명을 이끌고 남한산성으로 진격하였으나 인조의 항복 소식을 듣고 회군하였다. 화엄사, 쌍계사, 법주사 등을 중수하였다.

28 풍담楓潭 대사 : 풍담 의심楓潭義諶(1592~1665). 16세 때 성순性淳을 은사로 출가하였으며 편양 언기鞭羊彦機(1581~1644)의 법을 이었다. 금강산 표훈사, 김포 문수사, 영변 보현사, 해남 대흥사에 탑비가 세워졌다.

29 마음으로 마음을~세우지 않는다 : 장수 자선長水子璿(964~1064),『起信論疏筆削記』권2(T44, 307b).

30 마음이 곧 부처다 : 진각 혜심眞覺慧諶(1178~1234),『禪門拈頌集』권5(K46, 74b).

31 부처님의 말씀과~으뜸으로 삼는다 : 화정 염상華亭念常(1282~?),『佛祖歷代通載』권

14(T49, 608c).

32 진성은 만법의 근원이다 : 규봉 종밀, 『禪源諸詮集都序』 권1(T48, 399a).
33 유무중도有無中道 : 있음, 없음, 그리고 그 중간의 길을 말한다.
34 무주무위無住無爲 : 머무름도 없고 작위도 없음을 말한다.
35 사유四有 : 유有란 ⑤ bhava의 번역으로 중생의 생존을 말한다. 윤회하는 중생의 생존에는 생유生有·본유本有·사유死有·중유中有가 있다. 생유는 태내에 있다가 태어남이고, 본유는 생명을 유지하며 살아가는 것이며, 사유는 임종할 때이고, 중유는 새로 태어나기 이전까지 생존하는 것을 말한다.
36 묘각妙覺 : 불교에서는 깨달음을 향한 52위의 단계를 설정하고 있는데 묘각은 그 최종 단계를 말한다. 50위는 십신十信·십주十住·십행十行·십회향十廻向·십지十地의 각 10단계이고, 십지에 이른 이후에 등각等覺과 묘각의 최종 단계에 도달한다.
37 권점權漸의 근기 : 방편에 의거하여 점차 깨닫는 근기를 말한다.
38 염염과 정정이~진실하다고 하겠습니까 : 보조 지눌普照知訥(1158~1210), 『法集別行錄節要幷入私記』(H4, 741c).
39 과량過量 : 측량할 수 없을 정도로 많은 양.
40 기경機境 : 계기契機와 경계境界를 말한다.
41 무생법인無生法忍 : 모든 존재하는 것은 태어난 바가 없음을 깨닫는 것을 말한다.
42 이 마음을~일행삼매一行三昧에 의거한다 : 규봉 종밀, 『禪源諸詮集都序』 권1(T48, 405b).
43 일숙각一宿覺 : 영가 현각永嘉玄覺(665~713)을 말한다. 육조대사 혜능에게 깨달음의 인가를 받고 하룻밤 지내고 갔다고 하여 일숙각이라고 부른다.
44 병에 따라~않도록 한다 : 대혜 종고, 『大慧普覺禪師語錄』 권25(T47, 916c).
45 성구문성具門 : 성구性具란 모든 중생은 진여법성을 본래 갖추고 있다는 의미로, 천태종에서 성구설을 주장하였다.
46 이구청정離垢淸淨 : 티끌을 없앤 청정함이라는 의미이다. 『究竟一乘寶性論』 권4에서 '본래자성청정本來自性淸淨'을 '자성청정自性淸淨'과 '이구청정'으로 구분하여 설명하였다.
47 이장해탈離障解脫 : 장애를 벗어난 해탈이라는 의미이다.
48 얼음이 있는~점차 이룬다 : 보조 지눌, 『牧牛子修心訣』(H4, 709b).
49 우두 법융牛頭法融(594~658) : 중국 선종의 조사로 우두종牛頭宗의 종조宗祖이다.
50 도신道信(580~651) : 중국 선종의 제4조로서 동산법문東山法門을 개창하였다.
51 운거 도응雲居道膺(835?~902) : 당나라 때 승려로서 동산 양개의 법을 이었으며 운거산에 주석하면서 후학을 가르쳤다.
52 방광方廣 : 대방광大方廣의 줄임말로 부처님의 깨달음이 방정方正하고 광대廣大함을 말한다.

53 밝고 밝은~취해서 춤추도다 : 진각 혜심, 『禪門拈頌集』 권8(K46, 135a).
54 일상에 별다른~어긋나지 않는다 : 진각 혜심, 『禪門拈頌集』 권5(K46, 76b).
55 대천세계의 바다~사라지는 것이다: 고봉 원묘高峰原妙(1238~1295), 『禪要』 권1(X70, 707c).
56 금강왕보검金剛王寶釖의 말후대사末候大事: 『緇門警訓』 권3(T48, 1054b) 참조.
57 성언량聖言量 : 성언聖言은 부처님의 말씀이고, 량量은 인식 작용의 표준을 말한다. 즉 성언량은 표준이 되는 부처님의 말씀이라고 번역할 수 있다. 흔히 현량現量·비량比量·성언량의 삼량三量을 말한다.
58 사람 가운데~어려운 것처럼 : 허응 보우虛應普雨(1515~1565), 『虛應堂集』 상(H7, 541c).
59 「선재남유기善財南遊記」: 『華嚴經』 「入法界品」에서 선재동자가 남쪽으로 유행하면서 오십삼 선지식을 만난 이야기를 '선재남유기'라고 표현한 것으로 보인다.
60 『신선통감神仙通鑑』: 『歷代神仙通鑑』. 청나라 서도徐道가 찬술하고 장계종張繼宗(1667~1715) 등이 교정하였다. 역대 신선神仙과 조사祖師 및 성현聖賢들의 사적을 총 22권으로 엮었다.
61 고봉高峯 선사가~주었던 말 : 『禪要』 「示理通上人」(X70, 708c) 참조.
62 대혜 선사가~답했던 글 : 『大慧普覺禪師語錄』 권28 「答呂舍人」(T47, 930a) 참조.
63 본정本淨이 양가兩街의~했던 말 : 『佛祖歷代通載』 권13 「三十癸未」(T49, 595c) 참조.
64 우두 선사가~대답했던 말 : 『景德傳燈錄』 권4 「金陵牛頭山六世祖宗」(T51, 227b) 참조.
65 규봉 선사가~했던 말 : 『景德傳燈錄』 권13 「前遂州道圓禪師法嗣」(T49, 720a) 참조.
66 달마가 육종六宗을 깨뜨렸던 일 : 『佛祖歷代通載』 권22 「六」(T49, 720a) 참조.
67 허공이 분쇄되고~함께 없어진다 : 고봉 원묘, 『禪要』 권1(X70, 703b).
68 영각靈覺의 진성眞性 : 신령스럽게 깨달음을 이루는 진여의 성질을 말한다.
69 명상名相 : 명名은 귀로 들을 수 있는 사물의 이름이고 상相은 눈으로 볼 수 있는 사물의 모습을 말한다.
70 금우金牛 화상의 밥을 씹고 : 『碧巖錄』 권8의 제74칙(T48, 201c) 참조.
71 팔풍八風 : 이익과 손해, 훼방과 명예, 칭찬과 비난, 괴로움과 즐거움을 말한다.
72 도를 증득한~될 것이다 : 대혜 종고, 『大慧普覺禪師語錄』 권25(T47, 920b).
73 법에 들어가는~곳은 하나이다 : 대혜 종고, 『大慧普覺禪師語錄』 권29(T47, 935b).
74 천 가지~하나의 의심이다 : 고봉 원묘, 『禪要』 권1(X70, 707a).
75 의정疑情 : 화두話頭를 들고 있는 마음을 말한다.
76 칠통柒桶 : 옻칠이 되어 있는 나무통의 경우 안쪽이 깜깜하여 보이지 않으므로, 번뇌가 불성을 뒤덮고 있는 상태를 비유할 때 사용하는 용어이다.
77 분명히 항상~미치지 못한다 : 대혜 종고, 『大慧普覺禪師語錄』 권27(T47, 925b).

78 서로 얼굴을~눈길이 마주친다 : 진각 혜심, 『禪門拈頌集』 권30(K46, 493a).
79 성명性命 : 인성人性과 천명天命을 말한다.
80 여의如意한 가운데~안 된다 : 대혜 종고, 『大慧普覺禪師語錄』 권27(T47, 925a).
81 이 한~안 된다 : 대혜 종고, 『大慧普覺禪師語錄』 권27(T47, 925a).
82 마음이 여여하면~마친 범부이다 : 대혜 종고, 『大慧普覺禪師語錄』 권27(T47, 925a).
83 그대는 보지~곧 법신이다 : 영가 현각, 『永嘉證道歌』 권1(T48, 395c).
84 영리靈利한 사람은~있을 것이다 : 고봉 원묘, 『禪要』 권1(X70, 703a).
85 여기 한~걸림 없다 : 고봉 원묘, 『禪要』 권1(X70, 707a).
86 삼수三受 : 괴로움, 즐거움, 괴롭지도 않고 즐겁지도 않음을 말한다.
87 종현種現 : 의식의 종자와 현재의 의식을 말한다.
88 근수根隨 : 안眼·이耳·비鼻·설舌·신身·의의의 육근과 안식眼識·이식耳識·비식鼻息·설식舌識·신식身識·의식意識의 육식을 말한다.
89 헤아림이 법계의~다 없어진다 : 보조 지눌, 『法集別行錄節要幷入私記』(H4, 754c).
90 색깔을 보고~반조返照하고 있는가 : 규봉 종밀, 『禪源諸詮集都序』 권2(T48, 411b).
91 십허十虛 : 시방허공十方虛空의 준말로 시방세계의 모든 공간을 의미한다.
92 허령虛靈 : 잡된 생각이 없는 신령한 마음을 말한다.
93 향상뇌관向上牢關 : 사량분별로 이를 수 없는 경지를 말한다.
94 사람의 마음은~잡기 어렵다 : 『書經』에는 "사람의 마음은 위태롭고 도의 마음은 은미하니, 다만 정밀하고 한결같이 행동하여 진실로 그 중도를 잡아야 한다.(人心惟危。道心惟微。惟精惟一。允執厥中)"라고 되어 있다.
95 이름으로 이름~수 없다 : 『道德經』에 "이름을 붙일 수 있으나 그것은 진짜 이름이 아니다.(名可名。非常名。)"라고 되어 있다.
96 지범개차持犯開遮 : 불교의 계율은 절대적인 것이 아니라 상황에 따라 지키고 범할 수 있다는 대승의 가르침이다.
97 공문空門 : 공空을 설한 불교의 다른 표현이다.
98 투쟁뇌고鬪爭牢固 : 부처님이 입멸하신 후 다섯 번의 500년 중에서 첫 번째 500년은 해탈뇌고解脫牢固, 두 번째 500년은 선정뇌고禪定牢固, 세 번째 500년은 다문뇌고多聞牢固, 네 번째 500년은 탑사뇌고塔寺牢固, 다섯 번째 500년은 투쟁뇌고라고 한다.
99 회삼귀일會三歸一 : 『法華經』의 요지를 드러낸 말로 성문·연각·보살의 삼승三乘에 대한 가르침은 방편설에 지나지 않으며 결국 진여의 가르침인 일승一乘으로 돌아간다는 의미이다.
100 화회삼종和會三宗 : 규봉 종밀은 『禪源諸詮集都序』에서 선禪의 삼종을 제시했는데, 즉 식망수심종息妄修心宗·민절무기종泯絶無寄宗·직현심성종直顯心性宗이다.
101 십세十世 : 과거·현재·미래의 삼세三世에 각각 삼세가 있어 구세九世가 되고, 구세

가 융합되어 일세一世를 이루어, 모두 합하면 십세가 된다.
102 끝없는 국토~있지 않다 : 고봉 원묘, 『禪要』 권1(X70, 704c).
103 부처의 등불과~벗어나지 않는다 : 『金剛般若波羅蜜經五家解說誼』 권상(H7, 12c~13a) 참조.
104 삼승분교三乘分敎 : 성문·연각·보살, 즉 삼승三乘의 가르침을 말한다.
105 황매黃梅 : 중국 선종의 제5조 홍인弘忍(602~675)을 가리킨다. 황매현 쌍봉사 동산사에서 출가하여 후학들을 가르쳤기 때문에 '오조황매'라고도 부른다.
106 『금강경』과 『능가경』은~마음의 요체이다 : 규봉 종밀, 『禪源諸詮集都序』 권1(T48, 400b).
107 망회허랑忘懷虛朗 : 마음속에 품은 것을 잊어서 텅 빔으로써 밝힌다는 의미이다.
108 출신활로出身活路 : 자유자재하게 살아가는 삶을 말한다.
109 목우자가 어찌~하였기 때문입니다 : 『法集別行錄節要幷入私記』(H4, 741a) 참조.
110 탐진치의 사견을~할 뿐 : 규봉 종밀, 『禪源諸詮集都序』 권1(T48, 400a)에는 "唯熾貪嗔耶(탐진만이 치성할까.)"라고 되어 있으나, 조선 시대 판본에는 마지막의 '耶'가 '邪見'으로 되어 있어서 '탐진치의 사견을 치성하게 할 뿐'으로 번역하였다.
111 미륵산 고자암高自庵 : 원주 미륵산에 있던 사찰이다. 현재는 삼층석탑만이 남아 있는 폐사지이다.
112 참방參訪 : 선사들을 찾아 방문하는 것을 말한다.
113 모상무지摸象撫指 : 맹인이 코끼리를 그리려고 더듬는 것을 말한 것이다.
114 시호군봉市虎裙蜂 : 근거 없는 말은 믿기 쉬움을 말한 것이다.
115 공망空亡 : 실제가 없는 것을 말한다.
116 왕상시王常侍의 구절 : 『景德傳燈錄』 권7 「鄂州無等禪師」(T51, 255c) 참조.
117 언구를 의심하지~병이 된다 : 대혜 고고, 『大慧普覺禪師語錄』 권27(T47, 883a); 청허 휴정, 『禪家龜鑑』(H7, 636c).
118 방편을 지키기만~병이 된다 : 대혜 종고, 『大慧普覺禪師語錄』 권27(T47, 919a).
119 다니던 길에서~찾아 헤매네 : 『禪門拈頌說話會本』 권1(H5, 354a).
120 무사갑无事匣 : 일없는 것을 궁극의 경지로 삼는 것을 말한다.
121 문자가 곧 해탈 : 『金剛般若波羅蜜經五家解說誼』(H7, 42c).
122 손가락을 통해 달을 본다 : 규봉 종밀, 『大方廣圓覺修多羅了義經略疏』 권2(T39, 555c); 지소智昭, 『人天眼目』 권6(T48, 333b).
123 귀신 집안의 살아갈 계책 : 부처님의 가르침과는 아무런 상관없는 덧없고 허망한 일이라는 의미이다.
124 십념十念에 왕생한다 : 『禮念彌陁道場懺法』 권4(K47, 309a).
125 대이大耳 삼장 : 당나라 시대의 스님으로, 타심통에 능해서 혜충 국사와 타심통에 관

한 문답을 했다고 한다.

126 옛날 대이~알지 못하였습니다 : 진각 혜심,『禪門拈頌集』권4(K46, 61a).
127 유령臾嶺의 만남 :『六祖大師法寶壇經』(T48, 349b) 참조.
128 용담龍潭의 만남 : 고봉 원묘의『禪要』(X70, 710a) 참조.
129 허공이 대각에서~것과 같다 :『首楞嚴經』권6(T19, 130a).
130 허공이 분쇄되고~모두 없어진다 : 고봉 원묘,『禪要』권1(X70, 703b).
131 만 가지~완연히 그대로다 : 허응 보우,「水月道場空花佛事如幻賓主夢中問答」(H7, 604b).
132 원각묘심은 넓고~여긴다라고 하였습니다 : 영명 연수永明延壽(904~975),『唯心訣』권1(T48, 995a).
133 풍륜風輪 : 이 세계를 받치고 있는 맨 밑층을 말한다.
134 인허鄰虛 : 인허진鄰虛塵. 극미. 물질의 가장 작은 단위. 허공과 가깝다고 하여 붙인 이름.
135 철한鐵漢 : 뜻이 굳센 남자.
136 사람마다 일상생활을~관련이 없다 : 보조 지눌,『法集別行錄節要幷入私記』(H4, 741b).
137 법이라는 것은 중생심이다 :『大乘起信論』(T32, 575c).
138 비록 말세중생이라고~수 있다 :『金剛般若經疏論纂要刊定會編』권6(J31, 713a).
139 사대부들이 이러한~것과 같다 : 대혜 종고,『大慧普覺禪師語錄』권27(T47, 917c).
140 만약 자심의~있을 것이다 : 대혜 종고,『大慧普覺禪師語錄』권27(T47, 932a).
141 무지하고 방일하여~같은 자 : 야운,『自警文』(H6, 765c).
142 뱃속은 비어~같은 자 : 야운,『自警文』(H6, 765c).
143 석두 스님을~미끄러운 길 : 진각 혜심,『禪門拈頌集』권9(K46, 138) 참조.
144 사자의 허리 꺾음 : 청허 휴정,『禪家龜鑑』(H7, 645a) 참조.

월봉집 제2권
| 月峯集 卷之二 |

구 스님에게 보임
示球師

구도의 마음 벌써 착란되고 學道心前錯
참선의 생각 이미 어긋나 있구려 參禪念已差
이 말 믿지 않는다면 此言如不信
현사[1] 노인을 생각하시오 須憶老玄沙

오 스님에게 보임
示悟師

달 아래 맑은 개울 소리	月下淸溪咽
바람 앞에 떨어지는 낙엽	風前落葉紅
그 소리와 색깔 분명하니	分明聲色裡
어찌 다시 진공을 설하리	何更說眞空

주인공을 찾아서
訪主人公

삼세에 찾아도 머물 곳 없고	三際尋無住
시방에 찾아도 고향 없네	十方覓沒鄕
푸른 산과 도회지 중에	靑山與紫陌
어느 곳이 그런 곳인가	何處是渠塲

응 대사에게 보임
示膺大師

생로병사 네 가지를	死生老病四
인간 세상에 누가 없앨 수 있을까	人世孰能空
삼도의 고통을 벗어나고자 하거든	欲免三途苦
언제나 주인공을 찾으라	時時覓主翁

문 상인에게 보임 [2수]
示文上人【二首】

[1]
칠보도 보시할 수 있고	七寶猶能施
천금도 아깝지 않지만	千金亦不慳
나에게 있는 이 한 물건	吾家這一物
벗에게 주기 어렵네	持贈友人難

[2]
설악산 천 겹으로 희고	雪岳千重白
차가운 시내 한 굽이 울음소리	寒泉一曲鳴
밝고 밝은 소리와 색깔	明明聲與色
이미 무생을 설하고 있네	早已說無生

혜 스님에게 보임 [2수]
示慧師【二首】

[1]
창해를 어찌 측량하기 어렵겠으며 　　　　滄海何難惻[1]
수미산을 어찌 오르지 못하겠는가만 　　　須彌豈不攀
조주 스님의 무無 자 화두는 　　　　　　 趙州無字話
철벽이고 은산이네 　　　　　　　　　　 鐵壁又銀山

[2]
활발한 안목을 얻게 되면 　　　　　　　　若得活眸開
꽃을 머금은 새 오지 않고 　　　　　　　　含花鳥不來
온갖 특별한 일들 　　　　　　　　　　　 萬般奇特事
길에서 모두 재가 되리 　　　　　　　　　於道盡成灰

---

1) ㉆ '惻'은 '測'인 듯하다.

해 선사에게 보임
示海禪[1)]

[1]
도는 마음 밖에서 얻는 것이 아니니　　　道非心外得
어찌 타인에게 묻겠는가　　　　　　　　底事問他人
반조하여 빛을 돌린 곳에서　　　　　　　返照回光處
겁 밖의 몸을 알아야 하리　　　　　　　應知劫外身

[2]
허공을 모두 움켜잡고　　　　　　　　　空應皆納掬
바닷물도 모두 병에 담으니　　　　　　　海亦盡盛瓶
이 물건 범부와 성인에게도 통하는데　　　有物通凡聖
이름 부르기도 어렵고 형용할 수도 없네　 難名又沒形

---

1) ㉠『韓國佛敎全書』에는 2수首로 나누어 놓았으나, 저본에는 1수로 되어 있다.

참선하고 염불하며
叅念

참선하고 염불하여 마지막에 다다른 곳	叅念都窮處
오묘한 마음 홀로 빛나네	妙心獨朗然
이승인들은 단멸斷滅이라 하고	二乘云是斷
외도인들은 완연이라 인식하며	外道認頑然
공자와 맹자는 무극이라 말하고	孔孟言無極
노자와 장자는 자연이라 설하지만	老莊說自然
찾아도 한 물건 없고	尋之無一物
고요히 비추어 본래 천연하네	寂照本天然

기 선사에게 보임
示機禪

부처와 조사의 도를 알고자 하거든	要知佛祖道
면벽하여 마음을 돌이켜 보시오	面壁返觀心
보는 것은 누가 보는 것이고	見者阿誰見
찾는 것은 누가 찾는 것인가	尋之孰可尋
명명백백할 때 도리어 아득히 어둡고	明明還暗暗
또렷또렷할 때 도리어 더욱 침침하니	歷歷却沉沉
이름과 모습은 비록 얻기 어렵지만	名狀雖難得
예와 지금을 관통하고 있음은 고요히 아는 것이오	寂知貫古今

천오 스님에게 드림
贈天悟

본래 천진한 도가 있었으니	自有天眞道
어찌 다시 그것을 깨닫겠는가	何須更悟之
참구하고자 하면 도리어 잃어버리고	欲叅還失却
배우고자 하면 어긋날 것이오	要學便參差
성인에게도 원래 다름이 없고	處聖元無異
범인에게도 본래 어그러짐 없으니	在凡本不虧
그렇지만 이와 같은 일	雖然如是事
닦고 익혀서 더욱 맑게 하시오	修習轉淸奇

광헌 스님에게 드림
贈廣軒

허공 밖을 널리 포괄하여	廣包虛空外
하늘과 땅에서 당당하도다	軒軒天地中
고요하고 형체 없이	寂然形段沒
텅 비고 넓어 고금에 같도다	寥廓古今同
본래 닦고 증득함이 없고	本是無修證
원래 공력을 쓰지 않으니	元來不用功
이와 같이 깨칠 수 있다면	若能如是悟
조사의 유풍을 떨칠 것이오	應振祖師風

영 대사에게 드림
贈英大師

문득 보니 오래된 옛정 같고	忽見情如舊
마음 논하니 일찍이 없던 한이었소	論心恨未曾
도반을 만난 것으로 가장 기쁜 일이건만	最欣逢道友
시를 노래할 벗을 얻었으니 더욱 감사하오	多謝得詩朋
제목과 구절, 같은 벼루에서 나왔고	題句開同硯
담론하는 경전, 하나의 등불 밝혔네	談經點一燈
스님은 진실로 세상의 인걸이라	吾師眞世傑
그 재주 누구에 비할 수 있으리	才藝孰無稱

깊은 곳에 거처함
幽居

안개와 노을 속에 오래 머무르고	久住烟霞裡
거친 나물 씹어 먹으며 세상의 맛 가벼이 여기노라	噉蔬世味輕
차가운 평상에서 운무가 젖어 옴을 알고	床寒知霧濕
미끌미끌한 정원에서 이끼가 생겨남을 아네	庭滑認苔生
봉우리 달빛 난간에서 하얗고	峰月臨軒白
시냇물 소리 외짝문 안까지 들어오네	山泉入戶鳴
깊은 곳에 거처함을 귀하게 여기지 않지만	幽居雖不貴
다만 이름을 감추고자 할 뿐이오	只欲便韜名

객에게 보임
示客

일찍 속세의 길을 사양하고	早辭塵世道
푸른 산에 둥지를 틀었소	甘向碧山巢
명리는 봄의 꿈과 같고	名利如春夢
영화는 물거품과 같은 것을	榮華若水泡
솔바람이 진정한 나의 벗이며	松風眞我友
담쟁이 사이 달빛이 나의 이웃이니	蘿月是吾交
어찌 생각이나 했겠소, 선객이	豈意騷仙客
눈에 묻힌 사립문 두드릴 줄을	柴扉雪裡敲

언 사미에게 보냄
贈彦沙彌

우리같이 출가한 사람은	若是出家人
마음속으로 선을 염함이 인이니	心中念善仁
시를 음미함은 벗과 사귀는 보배이고	吟詩交友寶
붓을 익힘은 명예 구하는 진귀함이라	習筆沽名珎
교학은 마음 다스리는 법이고	學敎治心法
참선은 성불하는 인연이니	叅禪成佛因
계율을 범하지 말아야	毘尼如不犯
우리 도가 더욱 맑고 새로워지리	吾道更淸新

오언 五言[1]

홀로 띠풀 암자에 앉아 만 가지로 공을 생각함
獨坐茅庵萬慮空

참되고 오묘한 도를 참구하고자	欲叅眞妙道
먼저 만 가지 인연을 비우고	先自萬緣空
푸른 산속 깊이 들어가	深入靑山裡
단정히 석실 속에 거처하였네	端居石室中
운무와 함께 거닐고	經行雲霧共
사슴과 고라니와 함께 가고 머물며	去住鹿麋同
세속의 상념 모두 잊고	世慮都忘却
깊고 미묘함을 자세히 궁구하였네	玄微仔細窮
몸은 한가로이 대나무 탁자에 기대고	身閑憑竹搨
기운은 푸른 하늘에 걸어 두며	氣宇掛淸穹
눈은 멀리 산기슭에 이르도록 노닐고	睠至遊臺畔
생각은 동쪽 시내를 활보하였네	思來步澗東
바위 사이 꽃들 아름답게 피어나고	巖間花灼灼
숲 밖으로 풀잎 무성하여	林外草蒙蒙
날이 갈수록 육근과 육진[2]을 쉬고	日久根塵歇
해가 갈수록 도의 맛에 빠졌네	年多道味融

---

1) ㉠ '五言' 2자는 편자가 보입하였다.

주렴 밖으로 산봉우리 달 바라보고	隔簾看岫月
난간에 기대어 솔바람 소리 듣다가	倚檻聽松風
생각이 엉뚱한 곳에 이르더라도	若到亡羊處
하나하나 살아 있는 눈으로 통찰하였노라	頭頭活眼通

다만 일상생활에서 진공을 배움
但於日用學眞空

이 도는 원래 형상하기 어렵나니	此道元難狀
모방하려 해도 저 허공을 넘어 있도다	方之越彼空
커져서는 항하사 세계 밖을 포함하고	大包沙界外
작아져서는 티끌이나 터럭 속에도 들어가며	細入塵毛中
견고하기로는 금강 같고	堅利金剛等
분명하기로는 해와 달 같도다	分明日月同
변두리를 찾아보지만 그 변두리를 얻을 수 없고	搜邊邊不得
속을 찾아보지만 어찌 그 속을 다 탐색하겠는가	探裡裡何窮
깊이로는 창해보다 깊고	深邁滄溟海
높이로는 태벽궁[3]보다 높으며	高逾太碧穹
시간적으로는 시작도 마침도 없고	古今無始畢
공간적으로는 동쪽이나 서쪽도 없으며	塵刹沒西東
성인이 되어서는 지혜로움이 없고	處聖非爲智
범부가 되어서는 어리석음이 없으며	在凡不是蒙
하나하나 모두 그대로 드러나 있고	頭頭皆現露
사물마다 모두 융화되어 있으니	物物揔和融
외로운 암자 아래가 가장 좋아	最好孤庵下
때로 골짜기 나무 바람을 쐬도다	時聞洞檜風
만약 이러한 이치를 아는 이라면	若人知此旨
종지의 가르침 양쪽 모두 통하리라	宗說兩俱通

망념이 도무지 일정한 곳 없음을 안다면
若知妄念都無所

진망은 어디서부터 일어나는가	眞妄從何起
모두 본성의 공을 인연한 것이다	皆緣本性空
비어서 실재 없음을 깊이 생각하고	深思虛未實
밖이어서 중도 아님을 자주 생각하라	亟念外非中
깨달으면 밧줄 뱀이 없어지지만	悟則繩蛇滅
미혹하면 궤목과 같도다	迷隨机木同
한가하기로는 한가함이 끝이 없고	任閑閑不盡
싸움에서는 싸움이 끝이 없도다	擬戰戰無窮
있다면 물속의 달과 같고	如有如潭月
없다면 저 멀리 있는 하늘과 같도다	若無若遠穹
스스로 투철히 볼 수 있으니	自能看透徹
어찌 동서를 묻겠는가	何用問西東
다만 신비한 구슬을 가지고 놀 뿐	但弄神珠朗
짙은 안개 속에서 잠에 빠지지 말라	莫沉睡霧蒙
일생토록 오묘한 뜻을 찾고	一生探妙旨
죽을 때까지 충융[4]을 길러라	終世養冲融
색깔 색깔이 천진의 얼굴이요	色色天眞面
소리 소리가 활조의 풍모로다	聲聲活祖風
모든 정을 다 벗어 버리면	几情如脫盡
성인의 지혜에 자연히 통하리라	聖智自然通

일성의 허공에서 자유롭게 노닐다
任運騰騰一性空

원래 일 마친 놈이	元來了事漢
태허의 허공을 활보하나니	濶步太虛空
연하에 막히지 않거늘	不滯烟霞外
어찌 천하에 구애되리	何拘寰宇中
높고 높아 누가 도반이 되겠으며	高高誰得伴
멀고 멀어 세상에 같은 것이 없건만	逈逈世無同
즐겁고 즐거운 말이 끝없고	快樂言無極
맑고 한가한 설이 다함 없네	淸閑說不窮
기운은 호탕하여 바다와 산도 가벼이 여기고	氣豪輕海嶽
마음은 넓어 푸른 하늘도 깔보며	心廣壓靑穹
찢어진 옷 입고 봄가을 보내고	破衲經春夏
단사표음簞食瓢飮[5]으로 온 나라를 돌아다니네	單瓢徧海東
안으로 지혜가 많건만	內雖多智慧
겉으로 몹시 어리석은 사람처럼	外似甚愚蒙
봄에는 높은 산에 돌아다니고	春到遊台岳
가을에는 불타는 단풍에 누워 있네	秋來臥祝融
소나무 어루만지며 산골짜기 안개 씹고	橅[1)]松嚼壑霧
바윗돌 베개 삼고 시내 바람 가지고 노니	枕石弄溪風
호랑이 굴 마군의 궁전	虎穴魔宮處
종횡으로 통과하는 길이 되도다	縱橫去路通

---

1) ㉘ '橅'는 '撫'인 듯하다.

위없는 진인
無位眞人

어떤 사람 여기 있나니	有人在於此
형상도 없고 이름도 없으며	無相亦無名
성씨도 모르는데	不識姓氏者
어찌 형제를 알리오	誰知弟與兄
본래 의지하여 머무는 데 없으니	本無依住處
하물며 고향이 있겠는가	況有故鄕閈
오묘한 작용 본래 갖추었고	妙用從來具
신기한 공력 본래 스스로 이루었도다	神功本自成
허공에서도 도리어 역력하고	似虛還歷歷
암실에서도 더욱 밝으며	如暗復晶晶
성인도 되고 범인도 되며	能聖亦能凡
탁하기도 하고 맑기도 하다	爲濁又爲淸
해가 깊어져도 누추해지지 않으니	年深那醜陋
세월 간들 어찌 귀먹고 눈멀겠는가	歲去豈聾盲
덕은 하늘과 땅보다 수승하고	德勝乾坤德
밝음은 해와 달보다 더 밝도다	明逾日月明
가슴속에 만법 담아 놓고	胷中藏萬法
눈 속에 푸른 눈동자 있으니	眼裡碧瞳睛
세 성인을 벗하고	朋友惟三聖
사생[6]의 아이로다	兒孫是四生
돌아다니기에 대지 좁고	旋踵大地縮
손을 들면 사천을 떠받치며	擧手四天擎
가늘기로는 가을 터럭의 끝에 숨고	細隱秋毫末

넓기로는 세상을 다 감싸도다	廓周刹海盈
시시에 세상을 헤집고 다니며	時時披露現
처처에 종횡으로 두루하여	處處徧縱橫
경각에 극락에 올라가고	頃刻昇天樂
잠깐 사이에 지옥에 들어간다	須臾入獄喤
영웅만이 홀로 그 부류에 속하나니	英雄獨出類
부귀를 누가 경쟁할 수 있으리	富貴孰能爭
땅이 무너져도 고요하고	地坼猶爲靜
하늘이 무너져도 놀라지 않는다	天崩也不驚
소리치면 바람과 구름이 어지러이 날리고	喧呼風雨亂
질타하면 우레가 굉음을 내며	叱咤疾雷轟
항하사 세계를 왕복하고	往復河沙界
대각의 성을 돌아다닌다	優遊大覺城
밝기로는 거울에 비친 형상 같고	昭然如鏡像
평등하기로는 저울과 같으며	平等若權衡
경계를 만나서는 강에 비친 달과 같고	觸境如江月
인연을 따르지만 빈 쇳돌과 같다	隨緣似虛鑛
영화를 겨자처럼 하찮게 여기고	榮華芥子小
명성과 이익 새털처럼 가벼이 여기며	聲利鴻毛輕
즐거이 무생의 노래 부르고	快唱無生曲
저녁에는 구멍 없는 생황을 분다	晚吹無孔笙
가난하면 물가에서 낚시질하고	淸窮沙岸釣
곤궁하면 밭에서 경작하며	困苦隴頭耕
어느 곳에 있든 마음이 온화하고	隨處心懷穩
어느 때가 되든 몸이 평안하다	逐時身世平
돌샘을 찾아 한가로이 시를 읊고	閑吟尋石泉

높은 기와에 기대어 낭랑히 노래하며	朗詠倚高甍
뿌리 없는 나물을 씹어 먹고	舌嚼無根菜
습기 없는 국물을 마신다	口吞不濕羹
신통하여 측량할 수 없고	神通猶不測
변화는 가장 말하기 어려우니	變化最難評
이번 세상에서 장씨 셋째 아들이 되고	此世張三主
다른 생에서는 이씨 넷째 아들이 된다	他生李四伻
혹은 부처와 조사가 되고	或爲諸佛祖
혹은 왕과 제후가 되며	或作王侯卿
비단옷을 입은 선비가 되기도 하고	能作錦衣士
가난한 백성이 되기도 한다	能爲貧窘氓
홀연히 모든 부처님의 제자가 되고	忽爲諸釋輩
신분을 바꿔 관리가 되기도 하며	飜作庶官令
술에 취해 남의 잘못을 꾸짖기도 하고	醉酒罵人惡
향 피워 정성스레 예불하기도 한다	燒香禮佛誠
물에 잠겨서는 물고기가 되고	潛爲水底魚
움직이면 버들가지의 꾀꼬리 되어	動作柳枝鶯
색깔 색깔 청색 백색으로 나뉘고	色色分靑白
소리 소리 거칠고 정미함으로 나뉜다	聲聲辨麤精
천 가지로 조작해 내고	千盤能造作
만 가지로 훌륭하게 경영하니	萬種善經營
티끌 속세에 거니는 것 같지만	彷彿遊塵世
왕경에서 희희낙락하며 노닌다	依俙戱玉[1]京

---

1) ㉠ '玉'은 '王'의 오자인 것 같다.

유유자적하며 아득히 멀리 가고	悠悠悠曠遠
울창한 숲속에서 재능을 뽐내니	欝欝欝崢嶸
훌륭하도다, 사색이 어찌 그리 지극하며	蕩蕩思何極
우뚝하도다, 생각이 어찌 그리 큰가	巍巍憶轉宏
위대하도다, 저 늙은이여	偉哉這老漢
만겁의 영웅호걸이로다	萬劫氣豪英
쯧쯧, 무엇 하는 자인가	咄咄何爲者
생각하고 생각해도 형용하기 어렵도다	難容思慮情

응 대사에게 받들어 보임
奉示膺大師

슬프도다, 생사의 고통이여	哀哉生死苦
억겁 세월에서 누가 마칠 수 있는가	億劫孰能終
응 대사에게 고하노니	爲告膺師室
생사 벗어나는 공부 일찍 수행하시오	早修免死工
세상 인연 운무처럼 일어나고	世緣如霧起
인간 운명 거품처럼 비어 있나니	人命若泡空
무명의 껍질을 깨뜨리기 전에는	未破無明殼
서방 가는 길 통하지 않소	西邦路不通
선 하는 마음이 투철하지 못하면	禪心如未透
아미타불 염해도 공력이 없으며	陁佛念無功
만 권 경론의 설들은	萬卷經論說
다만 본지 풍광을 말할 뿐이라오	只言本地風
사람마다 한 물건이 있어서	人人有一物
넓고 넓은 창공을 타고 있나니	恢恢駕蒼穹
분명하고 역력히 저기 있지만	歷歷分明在
찾고 찾아도 그 자취 찾지 못하는 것이오	尋尋不見蹤
면벽하고 회광하여 비출 뿐	面壁回光照
치우침 없는 것도 맞지 않나니	無邊亦不中
형체를 잊는 그 일로써	沒形這箇事
주인공을 불러야 하리	喚作主人公
거두면 작은 티끌 속에 숨고	收則微塵隱
펼치면 법계에 가득하나니	舒之法界充
소리 듣고 색깔 보는 곳에서	聞聲見色處
온전히 집 늙은이에게 드러나도다	全體現家翁

다시 차운하여 기 스님에게 드림
復次贈機師

스님 이 세상에 나시어	吾師降此邦
무슨 일로 서방국토 마다하셨나요	底事辭西國
기운은 구름 하늘을 능멸할 만하고	氣宇凌雲霄
위엄은 바다와 산을 움직일 만하니	威嚴動海嶽
손에는 경전과 서책들 지니고	手持經且書
몸에는 도와 덕을 차고 있구려	身佩道兼德
소매 속에서 바람 연기 열고	袖裡風烟開
가슴속에서 천지 열어 내네	胷中天地闢
현묘한 담론은 마군을 떨게 하고	談玄慴外魔
바른 설법은 삿된 역사力師를 꺾네	說正摧邪力
지혜 횃불 더욱 청명하고	慧炬轉淸明
진리의 바람 다시 진작하는구려	眞風更振作
근기로는 하나의 밝음을 들고	機投擧一明
재주로는 글자를 산삭하니	才藝筆之削
지혜는 한산[7]과 나란하고	智慧並寒山
만행은 습득[8]을 본받았구려	萬行師拾得
다년간 도인들을 찾아다니고	多年訪道流
몇 겁이나 선지식을 참구하였던가	幾劫叅知識
돌이켜 듣되 소리에 따르지 않고	返聽不隨聲
돌이켜 보되 색깔에 집착 않았도다	回看不着色
고결한 품격은 영옥의 자태요	淸標瑩玉姿
신속한 변론은 현하의 격랑이로다	迅辨懸河激
청안은 쪽빛보다 푸르고	靑眼碧於藍

말하는 소리 옥이 부서지는 듯하나니	語音寒碎玉
아홉 마디 대지팡이 가로 걸어 두고	橫拖九節節
한 쌍 나막신 한가하게 끌도다	嬾曳一雙屐
만법을 천연에 맡겨 두면	萬法任天然
어찌 먹줄을 구하리오	何求繩與墨
표주박 하나에 맑은 계곡물 담고	單瓠汲澗澄
찢어진 가사 구름 색과 어울리네	破衲和雲白
구월에 일찍 자연에 깃드니	九月曾栖遲
여름 봉래산 이미 자취를 감추었네	蓬萊歸隱迹
진리 찾아 기꺼이 유랑하고	尋眞喜浪遊
선정 익히기에 깊은 곳 홀로 좋아라	習定愛幽獨
가을에 들어가 단풍 보고	秋入見山紅
봄에는 다시 푸른 나무 보네	春回觀樹碧
금강산이 최고의 도량이니	金剛最道場
하필 신선의 영역을 묻겠는가	何必問仙域
화로 향기 노을과 이어지고	爐薰連洞霞
맑은 스님 신선 피리에 섞이니	淸梵雜仙篴
난간 지나가던 새는 숲속으로 들어가고	過檻鳥投林
처마 흔들던 원숭이 나무에 걸려 있네	搖軒猿掛木
넘치는 냇물 한가로이 돌을 씻어 내고	出溪閑掃石
고개 넘는 이들 신비로운 약초 캐나니	踰嶺採神藥
주머니 속엔 시 가득하고	橐裡滿詩篇
자루 속엔 경전 가득하네	囊中盈金軸
맑은 수행 그 마음 눈 같고	淸修心似雪
수련하는 모습 학 같아	鍊得形如鶴
교의 바다에 달이 밝게 비추고	教海月昭昭

선의 강물에 바람이 역력하도다	禪河風歷歷
훌륭한 문장에 도가 있으니	文章又有道
사방 멀리까지 아름다운 명성 빛나고	四遠聲華赫
헤어졌다 만남이 모두 법상法床에서 이어지니	邂逅共連床
어찌 숙세의 약속이 아니겠는가	豈非宿世約
명산 다시 만나기 어렵나니	名山難可再
종신토록 고요함을 함께 즐기세	終世同甘寂
여름 안거 마치고 서로 이별하면	解夏若相離
언제 다시 깃들어 살겠소	何時更棲息

현진 주인에게 부치며
寄玄眞主人

한 칸 맑은 암자	一間淸梵宮
누가 비췻빛 속에 지었소	誰搆翠微中
난간은 산꼭대기 달을 이고	檻戴山頭月
창문은 골짜기 바람을 머금었네	窓含谷口風
시냇물 소리 차가운 자리에 들어오고	溪聲入座冷
나무 그늘 빈 뜰에 떨어지며	樹影落庭空
양쪽 회나무 길게 녹음 드리우고	峽檜長留碧
바위 단풍나무 청색 홍색 제멋대로네	岩楓換靑紅
아침 갈까마귀 엷은 안개 속 날아가고	朝鴉穿淡霧
저녁 기러기 무지개 잔영 속으로 날아가도다	暮鴈過殘虹
나는 진리 찾는 아이	我是尋眞子
그대는 도 닦는 늙은이	君今鍊道翁
지음을 만난 지 오래되었거늘	知音久未遇
오늘 홀연히 상봉하였네	此日忽相逢
상쾌하고 즐거운 한가함 끝이 없고	快樂閑無極
소요하는 흥이 다함 없네	逍遙興不窮
안개와 노을로 생활 만족스러우니	烟霞生計足
원숭이와 학이 오고 감과 같네	猿鶴去來同
그저 현진의 말을 시로 읊노니	聊賦玄眞語
만법에 통함을 부러워하노라	羨公萬法通

깊은 곳에 거처하며
幽居

산속의 오래된 고사	山中有古寺
스님 두세 명 산다오	僧在兩三人
근심 많은 세상 싫어하여	厭世知多慮
한 몸 보호함을 좋아하는 것이라오	愛幽保一身
현묘함을 참구하고 도를 배우며	叅玄兼學道
성품 기르고 또 정신 보양하네	養性復頤神
소나무와 학을 한가한 벗으로 삼고	松鶴爲閑友
바위와 구름을 좋은 이웃으로 삼네	岩雲作好隣
시내와 산은 후하거나 박함 없고	溪山無厚薄
바람과 달은 친하거나 소원함도 없나니	風月絶踈親
멀리 보려고 높은 정상에 오르고	望遠登高頂
청량함 보려고 골짜기 냇가 거니네	觀淸步澗濱
꽃이 피어남에 봄이 온 줄 알고	知春花自發
나뭇가지 새로움에 여름 온 줄 안다오	想夏樹條新
세월 가는 줄 모두 잊어버리고	甲乙都忘却
깊이 한맛의 진실함 궁구하네	深窮一味眞

술회하여 대중에게 보임
述懷示衆

어려서 세상 그물 벗어나	幼年超世網
만년에 안개 노을 기대어	晚歲寄烟霞
총림의 벗에게 법을 묻고	問法叢林友
해안 기슭에서 진리 탐구하였네	探眞嶺海阿
선의 장막에서 취암을 만났고	禪帷得翠岩
강의 자리에서 송파를 이었네	講席繼松坡
교전 열람하여 마음 부처 궁구하고	閱教窮心佛
마음 닦고 석가 염불하였네	修心念釋迦
세월은 쏜살같이 지나가고[9]	光陰過駿[1]駒
신세는 등불에 부딪히는 나방이었소	身世撲燈蛾
아직 조사의 관문 뚫지 못하였는데	未透祖師關
시원스레 머리는 이미 백발이라	颯然頭已皤
깊이 윤회의 괴로움 생각하고	深思輪轉苦
통렬히 오르내린 병 생각하였네	痛念昇沉瘥
꿈속 인식은 흐르는 물 같고	夢識如流水
허깨비 번뇌는 심어 놓은 오이 같네	幻塵似種瓜
구슬 가지고 구슬 찾으니 애석하고	持珠乞可惜
보배 가지고 가난하니 한심하여라	守寶貧堪嗟
암흑 무명의 밤	黑暗無明夜
혼미하고 취한 꿈 더하였네	昏迷醉夢加

---

1) 옙 '駿'은 '隙'인 것 같다.

항상 여섯 원수 가까이하여	常親六冤賊
매번 십바라밀 잃었구나	每失十波羅
진여의 바다 건너지 않고	不涉眞如海
애욕의 강물에 길이 빠졌도다	長淪愛欲河
열반의 성문 밖을 달리며	涅槃城外走
생사의 길에서 헤매었도다	生死路頭賒
구거[10]의 험한 곳을 포복하고	匍匐九居險
삼계의 먼 곳을 절뚝거리며 갔구나	跉跰三界遐
오악도에서 곤궁한 지 몇 생이던가	幾生困五道
끝없는 시간을 사바에서 윤회하였도다	浩劫轉娑婆
지옥의 괴로움도 달게 받고	地獄苦甘受
천당의 즐거움도 기뻐하지 않는구나	天堂樂不嘉
범부가 변하여 성인이 되는 방법	轉凡成聖術
나에게 있는데 어찌 다른 데서 구하리	在我豈求他
무우산을 복용하지 않으면	不服無憂散
번뇌의 숙병을 고치기 어렵도다	難醫有漏痾
머리 없다고 놀라 달아난 코끼리	怖頭狂走象
아비 버리고 스스로 궁벽하였구나	捨父自窮多
강가에 엎어져 목마르다고 소리치고	叫渴仆江畔
밥통에 앉아 배고프다고 소리치는 격이라	喚飢坐飯蘿
곤하게 자다가 깨어나면 노래 부르고	困眠覺則詠
슬피 울다 기쁘면 떠들어 댄다	哀泣喜來譁
일상생활 별다른 일 없으니	日用事無別
방 거사[11]가 어찌 부끄러워하였겠는가	龐公豈醉酡
행동하고 생활하는 데 있으니	動容擧足是
다리 통증에 깨친 현사 스님[12] 있도다	脚痛有玄沙

가소로운 신광[13] 노인이여	可笑神光老
안심하고 달마에게 물어보라	安心問達摩
고개 돌려 크게 깨쳤다 하지만	回頭稱大悟
둔한 근기의 나무람을 면하지 못하리	未免鈍根訶
말이 떨어지자마자 돌아갈 줄 아는 놈	言下知歸漢
납승이 침 뱉고 몽둥이로 후려치리	衲僧唾更撾
정명[14]의 말 없었던 경지를	淨明杜默處
실리[15]는 받아들이지 못하였건만	室利不容些
부처님의 염화시중을	黃面拈花示
음광[16]만이 이를 드러내고 웃었네	飮光露齒牙
비록 그렇지만 이러한 일들	雖然如是事
중생들의 이런저런 소리이니	物類唱囉囉
학은 무생곡 노래하고	鶴唳無生曲
원숭이는 겁외가 부르도다	猿聲劫外謌
목동은 풀피리로 노래하고	牧童橫草笛
낚시하는 노인 갈잎 피리 부나니	釣叟放樵笳
마음으로 전한 심인 알려고 하거든	欲識傳心印
서쪽 봉우리 해 기우는구나	西峯日已斜
어떤 이 나에게 도를 묻거든	有人問我道
상대의 손을 붙잡고	相對手共叉
곧장 종지를 밝히리니	直擧明宗旨
인천이 어찌 하겠는가	人天不奈何
여러 스님들은 들었는가	諸師聞也否
숲 밖에서 갈까마귀가 울고 있다는 것을	林外有啼鴉
깨달으면 마군이 원래 부처요	悟則魔元佛
미혹하면 부처도 오히려 마군이라	迷之佛却魔

무행을 철저히 증득한 자	無生徹證者
나는 이러한 이를 승가라 부르리	予謂是僧伽
아직 정반성[17]도 얻지 못했거늘	未獲定槃星
어찌 바르고 삿됨을 알겠는가	那知正與邪
지금 철저히 깨치지 못한다면	此時如未徹
만겁토록 그 한 끝이 없으리	萬劫恨無涯
뜻을 세움은 남악처럼 우뚝하고	立志並南岳
신심은 용솟음치는 푸른 파도같이	信心湧碧波
스스로 회광반조해야 하리니	回光自返照
머리의 둥근 나계螺髻를 부러워 마시오	莫羨頭圓螺
만약 스승 없이 깨닫지 못하거든	若不無師悟
부모가 본래의 집이니	親即本作家
선의 말씀 한둘이 아니고	禪詮非一二
교의 가르침도 천 가지 있도다	教說亦千差
부처와 조사는 중생 제도의 문이니	佛祖度生門
좋은 방편 비방하는 이는	善權有誚訛
밖으로 내달리는 놈이요	馳求向外漢
누런 책 손으로 만지작거리는 놈이네	黃卷手摩挲
자심의 오묘함 알지 못한다면	昧却自心妙
구구하게 법화경 읽더라도	區區誦法華
최상승 법문 타지 못하고	不騎最上乘
작은 소 수레나 타고 놀아야 하리	戲駕小牛車
영축산 회삼귀일 법회 이후	靈鷲會三後
여러 종파 다시 분분하였는데	諸宗更紛挐
규봉이 화회하였건만	圭峯和會了
문득 거슬러 방패와 창을 돌리도다	頓泝轉干戈

나무 흔들어 바람 일깨우고	動樹訓風伯
부채 흔들어 달 비유한다	揮扇喩月娥
실상 증득하기를 구하지 않지만	不求證實相
외람되이 붉은 연꽃 밟고자 하노라	濫擬踏紅葩
손가락에 머물러 진여에 미혹한 자	滯指迷眞者
근년에 벼나 삼처럼 많으니	邇來似稻麻
주인이 부르지 않는다면	主人如不喚
단정히 앉아 미타를 염송할 뿐	端坐誦彌陁
병든 승려에게 목마르다 하지 말고	勿謂病僧渴
쓸데없는 말로 헐뜯지 말라	謾吟無用詫
마음 비우고 한 번 낭랑히 읊으니	虛懷一朗詠
마치 조주 선사 주신 차 마시는 듯하네	如飮趙州茶

좌우명
座右銘

쯧쯧, 주인공아!	咄咄主人公
구구하게 그대의 허물을 설하노라	區區說汝愆
말마다 진실하게 듣는지 살피고	言言諦信聽
구절구절 아름다운지 살피라	句句審窮姸
급급하게 도를 구하지도 않으면서	汲汲不求道
황황히 무슨 일을 이끌겠는가	遑遑底事牽
생하고 생하는 윤회의 고통	生生輪轉苦
겁겁에도 그와 같아서	劫劫亦如然
나날이 한가함 없고	日日無閑暇
해마다 세상 인연 얽매이네	年年繫世緣
아침마다 생각 어지럽고	朝朝思慮亂
밤마다 수면에 사로잡혀	夜夜睡眠纏
일마다 번뇌에 빠지고	役役沉煩惱
아득히 본디 성품에 우매하구나	茫茫昧性天
느릿느릿 염불하고	遲遲念佛遠
느슨하게 좌선하라	緩緩坐禪延
시끄럽고 시끄러운 데서 한가히 수행하고	鬧鬧爲閑業
관찰하고 관찰하라 죽는 날로 옮겨 감을	看看死日遷
하루하루 머리카락 희어지고	星星頭髮白
차츰차츰 주름살로 검어진다	漸漸面皺玄
가지가지 전날 모략 끝내고	種種前謀畢
자주자주 훗날 계획 선전하라	頻頻後計宣
해도 해도 더욱 할 일 있고	爲爲爲轉有

마치고 마쳐도 다시 이어지니	了了了還連
매번 매번 티끌세상 관찰하여	每每觀塵世
항상 항상 불편 없게 하라	常常小不便
일마다 누가 능히 권면하리오	事事誰能勸
때때로 끊임없이 버리고	時時不斷捐
서둘러 서둘러서 마음 생각 돌려서	早早回心念
반드시 반드시 성현들을 흠모하라	須須慕聖賢
하하! 이것은 나의 말이니	呵呵是我說
구절구절 중첩된 글이로다	句句疊文篇

성 스님의 물음에 답함
答性師問

기쁘도다, 스님의 질문이여	可喜吾師問做工
적절히 자주 주인공을 부르네	時中頻喚主人公
옷 입고 밥 먹고 경행하는 곳에서	着衣喫飯經行處
틈 없이 회광반조를 지극히 하시오	密密回光返照窮

응 판사에게 보임
示膺判事

존사께서 아직 고해 바다를 투철하지 못하였다면	尊師若未透玄津
고요히 앉아 자주자주 주인공을 부르시오	靜坐頻頻喚主人
면목이 분명하여 해와 달처럼 되면	面目分明如日月
육문[18]이 항상 드러나 몸을 떠나지 않으리	六門常現不離身

또 응 판사에게 보임
又示膺判事

참선과 염불 말은 다르지만	叅禪念佛言雖異
염불과 참선 뜻은 같소	念佛叅禪意則同
염불 염불 참선 참선 하나이니	念念叅叅猶是一
하나의 신령한 마음 부처 생각함에 어찌 끝이 있으리	一靈心佛念何窮

일선에게 보임
示一禪

사람마다 보배 창고 그 양 끝이 없어	人人寶藏量無窮
겁겁마다 태어나서 사용해도 다 못 쓰나니	劫劫生來用不窮
중생에게 나누어 준들 어찌 부족하겠는가마는	分施眾生何所乏
천만 가지 경론의 설 궁구하기 어려워라	千經萬論說難窮

무적당[원수좌]에게 부침
寄無迹堂【元首座】

소나무 집에 비친 달빛 깊은 꿈 깨우고	月入松軒幽夢罷
작은 시내 소리 침상 끝을 맴도는데	小溪聲送繞床邊
분명히 찾아도 자취 없으니	明明如有尋無迹
종사에게 이것이 무슨 선인지 물어보았던 것이오	試問宗師是何禪

또
又

산을 찾고 물을 찾는 것은 나의 도가 아니니	尋山訪水非吾道
염불과 현담이 어찌 내가 찾는 진리이리오	念佛談玄豈我眞
배고프면 거친 나물 씹고 목마르면 마셔서	飢則噉蔬渴則飮
마음에 일없음이 천연의 진리라오	心頭無事是天眞

또
又

나무 사람 피리 불며 구름 속을 뛰어가고   木人吹笛雲中走
돌 여자가 가야금 타며 바다에서 오니   石女彈琴海上來
여기 늙은이 표정 없이 있다가   箇裡有翁無面目
하하! 박장대소하며 얼굴 펴도다   呵呵拊掌笑顔開

또
又

건곤 밖에서 자유로이 소요하고	逍遙任運乾坤外
속세 속에서 쾌활하게 인연 따르네	快活隨緣寰宇中
배고프면 밥 먹고 곤하면 잠자서 별일 없음이	飢食困眠無別事
삼라만상의 본래면목이라오	頭頭物物本家風

심선에게 보임 [2수]
示心禪【二首】

수미산을 붓으로 삼고 바다를 먹으로 삼아도	須彌爲筆海爲墨
우리 집의 한마디 말 베끼기 어렵나니	難寫吾家一句詮
스님이 만약 그 일 알고자 하거든	師若要知這箇事
스스로 조주의 선을 참구하여 투철해야 하리	自須叅透趙州禪

또
又

상봉한 지 이미 오래되어 현묘함을 담론하였거늘　相逢已久談玄了
어찌 산승의 시 한 수 찾소　　　　　　　　　何索山僧一首詩
조주 노인의 무無 자 화두를 아직 투철하지　趙老言無如未透
못하였는가
회광반조하는 이 누구요　　　　　　　　　回光返照是阿誰

세상의 부질없는 칭찬을 탄식하며 [4수]
歎世浮譽【四首】

[1]
내 흉중에도 한 구절 있나니　　　　　　　也吾胷中有一句
그대 위해 제목 붙여 읊지만 형용하기 가장 어려워　　爲君題詠最難形
스님이 만약 무슨 말이냐고 묻는다면　　　　吾師若問甚麽語
바람에 흔들리는 전각 모퉁이의 요령이라고 말하리　向道風搖殿角鈴

[2]
붓을 들어 시 읊음은 내 일이 아니요　　　　揮筆吟詩非我事
창에 기대어 한가히 조는 것이 나의 선이라오　倚窓閑睡是吾禪
서쪽에서 온 본래면목을 그대는 아직 모르는가　西來面目君知未
시내 소리 바람에 실려 달빛 비치는 난간에 오네　風送溪聲月檻邊

[3]
아침부터 밤이 다하도록 무슨 도를 궁구하는가　終朝竟夜窮何道
흡사 소 타고 소를 찾는 꼴이로다　　　　　恰似騎牛更覓牛
가소롭구나! 요즘 참학하는 무리들이여　　　可笑如今叅學輩
마음 가지고 깨달음 기다리니 어느 때에 쉬려나　將心待悟幾時休

[4]
기이한 담론 괴이한 말 선지식이라 칭하고　　奇談恠語稱知識
널리 보고 많이 들음을 성인에 빗대는구나　　博覽多聞擬聖流

| 비록 경전을 잘 알고 시를 잘 쓴다 해도 | 雖善經書詩賦筆 |
| 심지에 밝지 못하면 모두 헛된 것을 | 未明心地盡虛頭 |

법명 대사에게 보임
示法明大師

은미하게 깊이 알아도 말 없으면 착란이요	玄微深究無言錯
오묘하고 높은 담론도 마음 움직이면 잘못이라오	妙道高談動念非
조사의 뜻 명명백백한데 아는가 모르는가	祖意明明知也否
시냇물 소리 창밖에서 천기를 누설하거늘	泉鳴窓外洩天機

염불게
念佛偈

아미타불은 무슨 부처인가	阿彌陀佛是何佛
염불하는 소리 소리에서 돌이켜 마음을 비추라	念念聲聲返照心
보고 보고 듣고 들음은 밖에 있는 부처가 아니요	見見聞聞非外佛
말하고 말 없음이 나의 마음이니라	言言默默是吾心
때때로 부처를 염하여 진불을 이루고	時時佛念成眞佛
나날이 마음을 궁구하여 묘심을 증득하라	日日窮心證妙心
부처가 곧 마음이요 마음이 곧 부처이니	佛即惟心心即佛
가고 앉고 누울 때도 그 마음 잊지 말라	經行坐臥莫忘心

참선송
叅禪頌

조주 노인의 무無 자 화두 항상 깨어 있어	趙老言無常擧覺
정신 차리고 의심을 일으켜 지켜보라	精神抖擻起疑看
졸거나 눈을 가리거나 걸어갈 때도 깨어 있어	睡雲籠眼經行覺
의마의 내달리는 마음 고요히 앉아 지켜보라	意馬馳心靜坐看
의심하고 의심하여 그 의심 즉시 알아차려	疑去疑來疑則覺
일어나고 일어날 때 그 일어나는 것을 지켜보라	擧乎擧也擧還看
그때 이르게 되면 반연하는 마음을 끊어서	某時若到攀躋絶
한밤중 금오새가 날아가는 것을 보리라	半夜金烏飛出看

원 수좌에게 부침
寄元首座

형체 없는 물건이 태허를 관통하고	有物無形貫太虛
천 가지 만 가지로도 비유하기 어렵나니	千般萬種比難如
분명하고 또렷하지만 찾아도 자취 없고	明明了了尋無迹
은미하고 현묘하지만 드러나 나에게 있도다	隱隱玄玄顯在余
달을 노래하고 바람을 노래하는 자 누구인가	詠月吟風何者是
옷 입고 밥 먹는 자, 어찌 그가 아니겠는가	着衣喫飯豈非渠
낱낱의 일에 웅얼웅얼하는 말을 듣고자 하거든	欲聞箇事喃喃說
돌 호랑이 소리 가운데 산이 우는 격이라	石虎聲中山自噓

원 수좌에게 답함
答元首座

편지로 보내 온 회답에 기쁨이 끝없어	伏承回答喜無窮
두 번 세 번 열어 보고 나의 어리석음 알았소	披閱再三啓我蒙
서슬 퍼런 칼붓으로 일필휘지 하루아침에 써서	霜刃一揮朝日下
용 구슬이 옥쟁반에 떨어진 것 같았소	驪珠散落玉盤中
현묘한 담론을 읽어 보니 혼침이 사라지고	玄談看盡昏沉滅
오묘한 구절을 읊어 보니 도거가 없어졌소	妙句吟來掉擧空
붓을 잡고 말 밖의 뜻을 쓰고자 하였으니	秉筆要書言外旨
마치 반딧불로 창공을 태우는 것 같았소	如將螢火燒蒼穹

행각승에게 보임
示行脚僧

평생 총림을 두루 돌아다니는구려	平生底事徧叢林
본디 열반 고금에 관통해 있거늘	自有泥洹貫古今
교를 전함에 어찌 아난의 말 필요하겠으며	傳敎何須慶喜說
선을 참구함에 어찌 가섭의 마음 배우겠는가	叅禪那學飮光心
봉우리에 걸린 달빛이 진실로 현묘한 색이요	峯頭月色眞玄色
계곡의 소나무 소리가 오묘한 도의 소리로다	谷口松音妙道音
큰 법은 분명 숨는 곳이 없거늘	大法分明無隱處
그 얼마나 밖을 향해 찾아 헤매었던가	幾人向外漫追尋

오 스님에게 보임
示悟師

스님은 달마서래達磨西來의 구절을 내게 묻는구려	吾師求我西來句
베껴 쓰려 한다면 이미 크게 어긋나리니	欲寫操觚已太違
연못에 있는 달빛 만지려 하면 잃는 법이요	潭底蟾光摩則失
거울 속 그림자 사람을 잡으려면 어긋난다오	鏡中人影捉來非
한가하면 가고 피곤하면 잠자는 것이 진실로 현묘한 뜻이요	閑行困臥眞玄旨
배고프면 밥 먹고 추우면 옷 입는 것이 격외의 기틀이니	飢食寒衣格外機
이것을 버려 두고 다시 어디서 분명한 뜻을 구하겠으며	捨此更求端的意
양지에 있으면서 어찌 별도로 아침 햇살을 구하겠소	當陽何別覓朝暉

또
又

일을 마친 범부를 아는가	了事凡夫知也否
청산과 도성을 한가로이 거니네	靑山紫陌任閑遊
성현의 신통력을 구하지 않지만	不求聖賢神通力
어찌 마군의 독한 꾀를 두려워하겠는가	豈怕邪魔敗毒謀
곳곳에서 서로 따르지만 만나기 어렵고	處處相隨難見得
때때로 쫓아가 보지만 종적이 끊겨 있네	時時共逐絶蹤由
열반과 생사에 어찌 치우쳐 집착하리	涅槃生死偏何着
종일토록 자유로워 가고 머무름 없네	終日騰騰沒去留

우 스님에게 보임
示愚師

마음 다해도 얻을 수 없는 비고 빈 곳은	窮心不得空空處
고요하고 고요하며 맑고 맑아서 분명하도다	湛湛澄澄歷歷明
달 밝은 봉우리에서 원숭이 밤새 울어 대고	月白峰頭猿夜叫
바람 부는 숲에서 산새가 때때로 지저귀도다	風和林畔鳥時鳴
진흙 소가 차 마시고 후려치니 금강이 울고	泥牛喫捧金剛吼
나무 여자 노래 부르니 돌 호랑이 놀라네	木女唱歌石虎驚
위음왕불의 저쪽 일 알고자 하거든	欲識威音那邊事
하나하나 만물이 모두 무생이라오	頭頭物物摠無生

참선하고 염불하는 노래
參念頌

참선 염불 몇 가지 마음인가	參禪念佛幾般心
염불 끊어지고 참선 공해지면 묘심이 드러나리니	念絶參空現妙心
눈으로 보고 귀로 듣는 것이 모두 일념이요	眼見耳聞皆一念
피곤하면 잠자고 배고프면 먹는 것이 다만 진심이라오	困眠飢食但眞心
아미타불 염불은 다른 염 아니고	彌陀念念非他念
무無 자 화두는 다만 자심을 보는 것이니	無字看看只自心
접촉하고 만나는 인연 별다른 염이 없고	觸處逢緣無別念
염불 참선 모두 고요하면 다시 무심해지리	念參俱寂更無心

흠 수좌가 풍악산으로 가는 길을 전송하며
送欽首座歸楓岳山

스님 지금 금강산에 가시려거든	吾師今向金剛去
풍담 스님의 일미선 물어보시오	須問風潭一味禪
조주 노인의 무無 자를 어찌 뚫어서	趙老言無何以透
소림의 소식을 전하게 되었는지	少林消息若爲傳
거센 바람 안개 장삼 흰 구름 같고	高飄霞衲如雲白
멀리 외로이 오르는 발걸음 신선 같구려	遠上孤蹤似鶴仙
행여 월봉(나)의 안부를 묻는 이 있거든	幸問月峰安否在
일없이 남은 해 보낸다고 답하시오	答云無事度殘年

주

1 현사玄沙 : 당나라 승려 사비師備의 별칭. 스승 설봉을 따라 상골산에 들어가 수행정진하던 중 『楞嚴經』을 읽다가 깨달았다. 어록집으로 『玄沙師備禪師語錄』 3권 등이 전한다.
2 육근과 육진 : 육근은 안眼·이耳·비鼻·설舌·신身·의意를 말하고, 육진은 육근으로 인해 발생하는 번뇌를 말한다.
3 태벽궁太碧穹 : 크고 넓은 푸른 하늘을 말한다.
4 충융冲融 : 세상에 걸림 없이 융화되는 것을 말한다.
5 단사표음簞食瓢飮 : '대그릇의 밥과 표주박의 물'이라는 뜻으로 청빈하고 소박한 생활 방식을 의미한다. 『論語』 「雍也篇」 참조.
6 사생四生 : 불교에서는 생명의 탄생을 태胎·난卵·습濕·화化의 네 가지로 설명한다. 태생은 모태로부터 태어나는 것이고, 난생은 알에서, 습생은 습한 곳에서, 화생은 변태變態를 통해 태어나는 것이다.
7 한산寒山 : 당나라 때의 선승禪僧. 항상 천태 시풍현始豊縣의 서쪽 70리에 있는 한암寒巖의 깊은 굴 속에 있었으므로 한산이라 한다. 습득과 함께 있는 〈寒山拾得圖〉가 전한다.
8 습득拾得 : 당나라 때의 선승이자 시인. 천태산天台山 국청사國淸寺에 머물던 풍간豐幹 선사가 주워 온 아이라서 그렇게 불렀다.
9 세월은 쏜살같이 지나가고(光陰過驥駒) : 원문의 '驥'은 '隙'인 것 같다. '과극過隙'은 '백구과극白駒過隙'의 준말로, '틈 사이를 보고 있는데 흰 말이 쏜살같이 지나간다'는 의미이므로 '馬'를 부수로 사용한 것 같다.
10 구거九居 : 구유정거九有情居의 준말로 중생이 머물고자 원하는 아홉 가지 주처住處를 말한다. 『金剛經五家解說誼』(H7, 17下) 참조.
11 방龐 거사 : 당나라 때의 인물로 이름은 온蘊, 자는 도현道玄이며 양양 사람이다.
12 다리 통증에~현사玄沙 스님 : 『白雲和尙抄錄佛祖直指心體要節』권하(H6, 621c) 참조.
13 신광神光 : 중국 선종의 제2조 혜가慧可를 가리킨다.
14 정명淨明 : 『維摩詰所說經』의 주인공인 유마거사維摩居士를 말한다.
15 실리室利 : 문수사리보살을 말한다.
16 음광飮光 : 부처님의 십대제자 가운데 두타頭陀 제일의 마하가섭摩訶迦葉을 말한다.
17 정반성定槃星 : 저울의 눈금을 가리키는데, 여기서는 깨달음의 경지를 의미하는 것 같다.
18 육문六門 : 안眼·이耳·비鼻·설舌·신身·의意인 육근의 다른 표현이다.

월봉집 제3권

|月峯集* 卷之三|

---

* 원 '集' 아래에 저본에는 '賦'가 있었는데 편자가 없앴다.

부
賦

담 스님이 금강산에 가는 길을 전송하며
送湛師之金剛山

벗을 풍악산으로 보내니	送友人於楓岳
봄 저녁 무렵 좋은 때이네	春欲暮之良時
바람 불어 구름 밖으로 장삼 날리고	飄一衲於雲外
아득히 멀어져 가는 발걸음 쫓기 어렵네	杳高蹤兮難追
세상 명리 가벼이 여기고	輕世間之名利
출가 비구의 본분 다하려는 듯	儘出類之男兒
명승지에서 수행하는 무리 만나고	訪道流於勝地
본분의 밝은 스승 참구하였네	叅本分之明師
방외에서 넉넉히 노닐다가	得優遊於方外
이 도를 알고서 무위하였고	認此道而無爲
산수 돌아다니되 감상에 젖지 않으며	徧山水而賞罷
일찍 돌아와 서로 따랐네	早歸來而相隨
네 스승의 등 때를 닦아 내고	揩汝師之背垢
내 꿈속의 시비 끄집어 내어	原予夢之是非
말세에 우리 가르침 심어	樹吾敎於像季
부처님의 끝없는 은혜 갚는구나	報佛恩之無涯
이와 같이 노닐고 완상하니	若如此而遊翫
어찌 내가 기이하다 하지 않으리	豈惟我之稱奇

후오백년 말세에 태어나	生後五之末世
가는 실에 매달린 으뜸 가르침 안타까워	憫宗敎之懸絲
마음 벗의 병든 나그네 돌아보나니	顧病客之心友
그 누군들 우리 스님을 잊겠소	捨吾師兮其誰

깊은 곳에 은거하여 술회함
幽居述懷

부처님 쌍림에서 옥호 숨기고	雙林秘於玉毫
공자님 양영에서 마지막 꿈을 꾸니[1]	兩楹夢於天縱
시절은 이미 말세 되어	時已降於末葉
시비가 어지러이 일어나는구나	鬧是非於亂蜂
저 유교와 불교의 적막함이여	伊兩門之寂寞
두 문도의 게으름 때문이네	由二徒之踈慵
여산의 염불승 아득하고	邈韻釋之廬岳
임공의 도사들은 멀리 있구나	遙道士之臨功
어디에 기대어 도를 강론할까	據何地而講道
물어보려 해도 중용에 의지할 바 없으니	問無憑於中庸
이 세상의 곤궁함 애달프게 여기며	哀吾生之窮困
지난날 스승의 고반[2]을 우러러보노라	仰前師之考盤
친척을 이별하고 대중에게 물러나	辭親戚而謝衆
깊은 산에 머물며 곰을 이웃으로 삼으니	捿幽山而隣熊
청산은 병풍이 되고	靑山爲之屛障
백운은 집 경계가 되도다	白雲爲之戶封
늘어선 산과 구릉 우뚝우뚝	列崗巒之屹屹
쏟아지는 석천수 졸졸졸졸	瀉石泉之淙淙
한가로운 뒤에 이것을 즐기나니	閑者而後樂此
다시 어디 가서 무엇을 구할까	復焉往而何求
반야를 궁금히 여겨 경청하고	疑般若而敬聽
법왕을 의아히 여겨 예경하며	訝法王而禮恭
부처님 교화 드리움을 보고서	覽吾佛之垂化

방편의 몸이 무궁함을 알았노라	方便身兮無窮
색상 머금은 밝은 거울	明鏡含於像色
연못 속에 떨어진 가을 달	秋月落於潭中
한 법의 오묘한 도리 관찰하니	觀一法之妙理
의미가 다함 없이 중중무진이로다	義無盡而重重
긴 허공에 날아가는 구름처럼	若長空之雲飛
큰 바다에 요동치는 파도처럼	似巨海之波動
찢어진 장삼 속의 진실한 성품	念破衲之眞性
실로 현묘하여 드러나기 어렵네	信玄妙之難狀
태허를 마음에 받아들이고	納太虛於方寸
법계를 이 몸 속에 감추고 있으니	藏法界於微躬
천 개의 해와 달 한 눈에 있고	千日月兮一眼
억만 하늘과 땅 흉중에 있도다	億乾坤兮片胷
불·법·승의 세 가지 뜻	佛法僧之三義
본래 막힘 없이 원융하니	本無碍而圓融
개념에서 언어의 길 끊어 내고	絶言語於名相
생멸에서 처음과 끝 확정하네	確終始於生滅
신령스런 빛 홀로 밝게 비추고	靈光耀兮獨照
고금을 관통하여 어제 같아	貫古今兮如昨
세속의 가법 아니라	非世俗之家法
납자의 문풍이로다	是衲子之門風
범범한 이들이 참구할 일 아니니	非泛叅之草草
어찌 지혜 없이 서두른다고 되겠으며	豈無智之忽忽
어찌 믿음 없는 자의 업이 되겠는가	詎無信之所業
현철의 큰 공이 있어야 하리	乃賢哲之鴻功
얕은 지식의 형편없는 글이 아니라	非淺識之杜撰

실로 깊은 지혜의 근본 종취라서	實深智之本宗
둔한 근기들이 천착할 수 있는 것이 아니요	非鈍機之穿鑿
오직 예리한 근기만이 통할 수 있으리	惟利根之能通
호랑이 잡는 것보다 어렵지 않고	應不難於擒虎
용을 잡는 것보다 쉬운 일이지만	亦可易於羅龍
깊고 깊은 지극한 도는	惟深甚之至道
천 번의 생을 지내도 만나기 어렵도다	歷千生而難逢
세상 인연 벗어 놓고 배우고 묻고	揮世緣[1)]而學問
신명 걸고 공부하여라	捨軀命而做工
몸을 돌려 한 번 던진다면	若飜身而一擲
금오가 구름 벗어나듯 하리라	金烏出於雲籠
팔만 법문 훤히 통달할 것이요	八萬門兮洞闢
백천 공안을 녹일 것이오	百千案兮銷鎔
부처님 바다에 들어가 밑바닥까지 뚫고	入佛海而徹底
조사 고개에 올라 정상까지 투철하여라	登祖嶺而透嵩
깊고 은밀한 계곡까지	深密密兮幽谷
밝고 역력한 하늘까지	明歷歷兮晴穹
순간순간 마음 검을 가지고 놀며	弄心釼於時時
신령스런 칼끝으로 갈등 잘라 버려라	斷葛藤於靈鋒
깊이 연구하고 밝게 살폈거든	旣深究而明察
이치 어찌 숨어 드러나지 않을까	理何隱而不彰
부처와 조사 함께 장난치고	戲佛祖於共域
범부와 성인 한 궁전에 섞여 살 것이다	混凡聖於一宮

---

1) ㉮ '椽'은 '緣'인 것 같다.

사물마다 진정한 즐거움 받고	物物受於眞樂
사람마다 연꽃 밭에 거처하면서	人人處於蓮叢
진실로 도덕 닦지 않으면	苟道德之不修
삿됨과 마군이 번갈아 모여들 것이다	邪與魔兮交集
마니주가 티끌 뒤집어쓴 것처럼	同麼尼之蒙塵
연꽃이 뿌리내리지 못하는 것처럼	若蓮花之不着
하늘은 대용을 덮지 못하고	天不覆於大用
귀신은 현종을 찾지 못할 것이다	鬼不覓於玄蹤
풍류를 얻으면 상쾌하고	得風流而爽快
씩씩한 의기 영웅이듯이	壯意氣而英雄
범부는 법어 듣고 놀라고	驚法語於凡聽
세상 사람 의리를 넘어서도다	越義理於世情
거북이 털붓으로 고양이를 그리고	畫猫兒於龜筆
토끼 활로 여섯 도적을 쏘는 것처럼[3]	射六賊於兎弓
황벽 스님 혓바다에 빠진 것을 생각하고	思黃蘗之吐舌
백장 스님 귀먹었던 것을 기억하라[4]	憶百丈之耳聾
이 사람들의 강인함이 아니라	非斯人之强爲
이와 같이 높은 뜻을 본받아야 하리니	法如是之太崇
많은 사람들 미친 이에게 속으면서	世多欺於狂者
모두 어리석은 이를 비웃는구나	人皆笑於癡憃
그 몇이나 토굴에 자취를 숨겼고	幾晦跡於土洞
오래도록 구름 소나무에 빛을 감추었던가	久韜光於雲松
소림의 말 없음을 배우고	學少林之杜默
안연의 어리석은 듯함을 본받았나	效顔子之如愚
적멸하면 몸과 세상 평등하고	等身世於寂滅
지극히 공평하면 마음과 망념 합치되리니	合心念於至公

낙엽에서 가을 하늘 감상하고	賞秋空於葉落
붉은 꽃에서 봄 산을 완미하라	翫春臺於花紅
구름 봉우리 되거든 여름인 줄 알고	雲作峯兮想夏
눈이 산에 쌓이거든 겨울인 줄 알며	雪滿山兮認冬
현미함에서 하나의 이치 찾으면서	索一理於玄微
사계절 바뀌는 것을 관찰하라	察四時之推迭
목마르면 벽계수 마시고	渴則飮於溪碧
피곤하면 굽은 난간에 기대어	困則倚於欄曲
국화 말아 요기하면서	或餪飢於餐菊
등나무 설나무 지팡이 몇 개나 짚었던가	幾策筇於藤薜
복희씨의 천지에 누워	臥羲皇之天地
세상의 이런저런 일 잊고	忘世間之甲乙
지혜롭지만 겉으로 어리석은 듯하니	內雖智而外愚
누가 나의 선악을 알겠는가	孰察予之善惡
근심 속에 머물면서도 내버려 두고	居悒悒而無解
형체와 그림자가 서로 조문하며	形與影兮相吊
부족하나마 글을 엮어 뜻을 말하노니	聊綴詞而言志
내세에 훌륭한 경계가 되기를 바라오	寄炯戒於來世

풍악산으로 돌아가는 흠 선자에게 줌
贈欽禪子歸楓岳

나와 그대 함께 머문 지	吾與爾而同住
오늘까지 몇 년이나 되었던가	幾年所於今日
정은 이미 스승보다 더 깊고	情旣深於相師
의리 또한 동학 그 누구보다 두터웠네	義亦重於講學
방에서 비밀스럽게 계합하여	托密契於一室
가고 옴을 함께하기로 기약하였더니	期去來之同囊
어쩌다 처음 약속 크게 어긋난 걸까	何初計之大誤
문득 이별을 바삐 고하고	奄告別之匆匆
옛 산에 법복 떨치며	振法服於舊山
짧은 지팡이 짚고 풍악으로 가는구려	飛短筇於楓岳
그대 가는 이유 나는 알고 있으니	君之行兮我知
풍담 스님에게 현묘함을 들으시오	要聞玄於風潭
빈손으로 갔다가 채워서 올 것이니	意虛往而實歸
참선 염불 부지런히 공부하시오	勤着工於叅念
마음 빛을 돌려 비춘다면	回心光而返照
생사의 이치 근원을 살필 것이오	察死生之理源
남의 글귀나 말을 바라지 말고	不願人之文言
나에게 있는 진성을 닦으시오	修在我之眞性
부처님 지혜바다 헤엄치다 보면	指佛海而涵泳
불법이 다시 창성하게 되리니	庶釋道之再昌
항상 이것만을 염하고 여기에 두어서	恒念玆而在玆
길이 마음에 새겨 잊지 마시오	永服膺而勿忘

세 번 주인공을 부르다
三喚主人公

주인공아! 주인공아!	主人公主人公
날마다 사용하는 공부를 하시오	做日用之工夫
근본 자리 공안 참구하되	擧本叅之公案
조주 노인의 무無 자 화두를 제시하노니	提趙老之道無
정신 줄 붙잡아 어둡지 말고	着精彩而不昧
자주자주 번뇌 털어서 오염되지 말며	頻抖擻而不汚
수마 이르거든 가지고 놀고	睡魔來兮活弄
마음 어지럽거든 가부좌하시오	心猿擾兮跏趺
또렷또렷하게 기억하여 배우고	惺惺憶而學之
은밀하고 빽빽하게 의심하여 몰아쳐서	密密疑而逼乎
절대로 공적에 막히지 말고	切不滯於空寂
또 유의 범주에도 떨어지지 마시오	又不落於有區
천착하다 보면 귀신 굴에 떨어지고	穿鑿墮於鬼窟
견주다 보면 다른 길로 가게 되니	計較涉於他途
경산 스님의 간어[5]를 보고	覽徑山之揀語
근심 없음을 경계해야 하리	須儆戒於無虞
공부가 구경에 이르거든	功極至於究竟
한밤중 금오 날아가리니	半夜蜚於金烏
보리 마음 꽃피워서	發菩提之心華
무명 구름을 씻어 내어라	蕩無明之雲衢
모든 성인의 지극한 이치 투철하여	徹千聖之至理
만법의 현묘한 근본을 궁구하면	窮萬法之玄樞
시방을 넓혀도 막힘이 없고	廓十方而無閡

삼세에 걸쳐도 다르지 않으리	亘三世而不殊
주인공아! 주인공아!	主人公主人公
불난 집에서 내달리는 자신을 생각하고	念火宅之馳驅
세 성인의 극락을 바라보고	望三聖之樂國
사생의 고통을 싫어하라	厭四生之苦都
연화대의 유희를 기대하고	喜蓮臺之遊戲
지옥의 처벌을 걱정하여	慘地府之深誅
깊이 빠진 애욕의 강물에서 벗어나서	出愛河之沉溺
선의 연못에 몸을 깊이 담그게나	浴禪池而涵濡
중생의 괴로운 고통 애달프게 여기고	哀衆生之苦苦
모든 부처님의 온화함 부러워하여	羨諸佛之愉愉
삼승 성인[6]의 수행에 참여하고	預三乘之聖流
육사외도[7] 삿된 무리 따르지 마소	違六師之邪徒
반야의 지혜 검을 휘둘러	揮般若之慧釼
번뇌의 뿌리 밑동 자르시오	斷煩惱之根株
자심의 보배 창고 열고	開自心之寶藏
옷 속의 신비한 구슬 보호하소	護衣內之神珠
선의 희열 맛보면 굶주림 그치고	餐禪悅則飢止
감로주 마시면 기운 소생하리니	飲甘露則氣蘇
진여의 법유를 취하여	取眞如之法乳
일승의 제호를 달이시오	煎一乘之醍醐
육식의 흘러 다님을 끊고	絕六識之流逸
삼량[8]을 증득하여 하나 되며	證三量而合符
자리와 이타의 길을 따라가서	行二利之軌則
뭇 성인들의 경전 말씀 고찰하소	考衆聖之典謨
주인공아! 주인공아!	主人公主人公

아아! 진실로 고통스럽도다	哀可痛兮嗟吁
무상은 찰나를 잡고	无常促於刹那
생사는 수유[9]보다 빠르구나	生死速於須臾
순간순간 부지런히 망념 거두어	勤攝念於時時
날마다 나약함을 질책하시오	責嬾懦於日日
몸은 본디 쇠약하여 병이 많고	身自多於衰病
해마다 죽음으로 나아가는구나	年已蹜於桑榆
길게 시문을 음미하지만 아무 쓸모없고	長吟篇而無用
매번 경전을 보지만 아무 이익이 없네	每看經而何益
젊은 장정들 만나도 두려워 말고	見少壯而不畏
권세 있는 사람 만나도 아첨하지 마시오	遇權勢而無諛
남의 물건 받은들 어찌 기쁘겠으며	受他物而何喜
자기 재물 아낀들 충분하지 않으리니	慳己財而不敷
부귀를 뜬구름처럼 여기고	等富貴於浮雲
단지[10]에 출입을 맡겨 두소	任出入於丹地
부처님 남기신 법 따르고	遵先佛之遺法
조사의 가르침 복종하며	服老胡之乘教
도덕이 아니거든 머무르지 말며	匪道德其焉宅
인의로써 집을 삼아야 하리	乃仁義以爲家
무상한 위태로운 마음 거두어	斂無常之危心
내면에 힘써 어둡지 않아야 하오	勗諸內而不昧
진실로 참선 염불하여 도를 얻는다면	苟叅念之得道
배우지 않아도 어찌 어리석겠소	雖不學而何愚
그저 말을 이어 뜻을 담아	聊綴詞而寓意
후인들에게 밝은 경계 남기네	遺炯戒於來者

주인공이란
疑主人公

주인공은 무엇인가	主人公兮何者
여기에 있지만 어렴풋하다	在這裡而髣髴
그 몸체를 보면 텅 비어 있고	觀其體而體虛
그 모습을 보면 끊어져 있으며	見其相而相絶
형체도 없고 흔적도 없으니	縱無形而無跡
누가 감히 감당하여 막겠는가	誰敢當而敢遏
크게 청정하면서 원만하고	大淸淨兮圓滿
끝없이 넓으면서 활달하다	廣無邊兮豁達
기틀에 막히지 않아 자재하고	不滯機而自在
격식에 구애되지 않아 멀리 벗어났다	不拘格而逈出
거울 속 모습처럼 비거나 비어 있지 않고	空不空兮鏡像
연못의 달처럼 비추거나 비추지 않으며	照不照兮潭月
티끌세상에 흩어져도 나뉘지 않고	散塵刹而不分
작은 겨자씨에 들어가도 작지 않다	入纖芥而非撮
언제나 드러나 있으면서 비장되어 있고	每披露而秘藏
항상 은닉해 있으면서 드러나며	常隱匿而現發
만 가지 변화에 있으면서 변하지 않고	處萬變而不變
생멸하면서도 불멸하다	在生滅而不滅
어찌 주인이 한쪽으로 치우쳐	胡主人之偏異
선과 악으로 객을 맞이하겠는가	以善惡而待客
요·순을 만나면 요·순이 되고	遇堯舜而堯舜
걸·주를 만나면 걸·주가 되는 것을	得桀紂而桀紂
공자 같은 성인과 맹자 같은 현인도	孔聖然而孟賢

척¹¹ 같은 도적과 정¹² 같은 폭군도	跖盜曁而猌¹⁾暴
어느 누군들 이러한 마음이 없겠는가	孰能無乎是心
각각 마음 따라 거두고 놓아 둘 뿐인 것을	各隨心之收放
옛날의 옛날이 바로 지금이고	即古古而即今
영웅의 영웅이 또한 범부이며	且雄雄而且屑
지극히 천근하면서도 지극히 깊고	至淺近而至深
지극히 수승하면서도 가장 하열하다	太高勝而太劣
만고의 영웅 다 이끌고	摠萬故之英靈
천겁의 호걸들 뛰어넘으며	超千劫之豪傑
의기 드날리면 하늘이 놀라고	揚意氣則天驚
위엄 있는 명령 떨치면 땅이 갈라진다	振威令則地裂
십허를 포괄하여 한 손에 움켜쥐고	括十虛而掌握
사해를 마셔 갈증을 삼키며	飲四海而吞渴
철위산을 쳐서 가루로 날려 버리고	打鐵圍而粉飛
대천세계 부수어 없애 버린다	碎大千而爲末
다함 없이 써도 생각할 수 없고	用無盡而不思
끝없이 헤아려도 서술하기 어려우며	量不窮而難述
구경을 계산해도 천이 되지 않고	計究竟而不千
최초를 생각해도 첫 번째가 아니다	念最初而非一
왼쪽도 옳지 않고 오른쪽도 옳지 않으며	左不是兮右非
나아가도 문이 없고 물러서도 잃으니	進無門而退失
마음 빛을 돌려 비추어도	回心光而返照
어둠 속의 흑칠 같도다	如暗中之黑柒

---

1) ㉠ '猌'은 '政'의 오기인 듯하다.

경계 색깔 따라 명료해지는 것이	隨境色而明了
하늘에 걸린 밝은 해와 같으니	若麗天之杲日
힘써 생각 다해도 생각이 끊어지고	盡力思而思斷
크게 입을 벌려도 입이 더듬거린다	大開口以口吃
부처가 부처를 만나 바라볼 뿐이고	佛佛對兮但觀
조사가 조사를 만나 아무 말 없으니	祖祖遇而無說
문수는 이것을 물었으되	文殊問於者箇
유마힐에게 부끄러움을 당하였다	見慚愧於摩詰
꽃을 들어 대중들에게 보였지만	擧拈花而示衆
큰 화로에 떨어지는 눈발 같고	如烘爐之片雪
그 팔을 잘라 법을 구하였지만	斷其臂而求法
거북이 털로 붓을 만드는 것과 같다	若龜毛之束筆
현사 스님이 돌 차고 발가락 아파하자[13]	玄沙痛於趯指
나무 사람이 웃음을 그치지 못하는 격이요	木人嘘嘘不歇
수료 스님 차여 고꾸라지자[14]	水潦被於蹋倒
돌 여자가 크게 웃으며 한심해 하는 격이로다	石女呵呵嗟咄
찰나에 정각을 이루지만	成正覺於刹那
이치는 빠름을 허여하지 않아	理不許於速疾
허수아비 목격하여 도는 그대로 있고	偶目擊而道存
시각은 이미 팔각[15]보다 더디다오	時已遲於八刻
설령 마조와 용수의 뛰어난 재주로도	設馬龍之敏才
그 풍모를 들으면 물러서나니	聞其風而退屈
자비 가득하고 지혜로운 변설로도	雖滿慈之辯慧
말하는 입이 모두 어눌한 듯이 하네	觜都盧而若訥
세상이 사리불로 가득 차더라도	滿世間之鶖子
갠지스강 모래알처럼 보살 많더라도	如恒沙之菩薩

모두 가늠해 보지만 알지 못하여	盡度量而莫知
그 누구도 믿는다 말하지 못하는구나	誰不謂之信曰
하늘 사람의 안목을 의심하고	疑天人之眼目
성현의 밝은 살핌을 의아히 여기시오	訝聖賢之明察
저 중생의 법왕이오	伊衆生之法王
저 여래의 조사와 부처로다	夫如來之祖佛
다시 무엇이 주인이 되리오	復何爲之主人
처처를 따라 활발하나니	隨處流而活鱍
이것이 성인인가, 이것이 범부인가	是聖耶是凡耶
내 알지 못하는 한 물건이로다	吾不識之一物
주인공의 의결을 노래하여	咏主人之疑訣
뭇 어리석은 이의 억측을 깨우치노라	發群蒙於來億

일출암에 깊이 은거함
幽居日出庵

내 이 나라에서 태어나 늙도록	余生晩於靑丘
산수가 아름답고 고운 것을 사랑하여	愛山水之佳麗
일찍이 가야산에 은거하였고	曾幽居於伽耶
또 두류산에서도 거처하였네	又捿遲於頭流
쌍계의 절경은 감상하였지만	雙溪勝兮賞已
만폭동의 기이함을 아직 보지 못하여	萬瀑奇兮未遊
짧은 지팡이 짚고 풍악산에 가서	飛短筇於楓岳
여러 명승지를 일일이 둘러보았네	觀歷覽乎名區
치악산 선장을 지나다가	過雉嶽之仙庄
백련정사를 방문하여	訪白蓮之精社
부용의 세 봉우리를 바라보니	望芙蓉之三峯
푸른 하늘에 천 겹으로 솟구쳐 있었네	聳碧空而千疊
이 산에 올라 장관을 감상하는데	登玆山而壯觀
실로 가슴이 확 트임을 면하기 어려웠으니	固難禁乎賀谿
어찌 우물에 앉아 하늘을 보겠는가	豈坐井而觀天
태산에 오르면 노나라가 작아 보인다	登太山而小魯
바야흐로 유람을 아직 마치지 않았는데	方遊覽之未已
또 무언가 눈에 들어오는 것이 있었으니	又何觸於眼底
숲 끝에 있는 한 암자	得一庵於林端
'일출'이라는 아름다운 그 이름 걸려 있네	揭華名曰日出
사령운의 높은 대인가 의심하고	疑靈運之高臺
혜원의 여산[16]인가 의심할 정도로	訝遠公之廬岳
산은 천 개의 봉우리 위태롭게 서 있고	山千峯而險夷

계곡은 만 겹으로 깊고 깊네	洞萬重而深邃
진정한 수행자들이 거처할 곳이요	眞道流之所居
세속인들이 노닐 곳이 아니라서	非世俗之可遊
즐거움에 떠나지 못하고 날을 보내면서	樂盤桓而終日
만 가지 풍경을 완미하였네	翫萬像之物色
계수나무 우거진 울창한 곳에 있으니	桂樹叢而相薜
해 뜨는 동쪽에 있는 나무들 같고	若扶桑之雙木
새벽빛은 푸른 산들을 다그치고	晨光催於碧巒
전날부터 낀 안개는 층샛돌을 거두었네	宿霧收於層石
순식간에 태양이 떠올라 비추니	倐胐明之來照
뾰족한 고개에 화사한 색깔 드러나고	露尖嶺之秀色
절정의 하늘에 이르니	旣絶頂之造天
과연 그 이름 어긋나지 않도다	果得名之不忒
가득한 세상 근심 다 씻어 내고	滌滿腔之世慮
부처님 남기신 법문 생각하며	念釋氏之遺法
현묘한 이치 하나하나 배우며	學玄微之一理
바쁜 듯이 지나가는 흰 구름 보고 웃었네	笑白雲之多忙
여기서 아침 또 여기서 저녁 보내고	朝於斯而暮斯
하늘과 땅을 이불 삼고 베개 삼으며	卽天地以衾枕
목마르면 물 마시고 배고프면 나물 먹으며	渴則飮而飢蔬
부처님 바다에서 마음대로 유랑하였네	任優遊於佛海
밤이 되면 염불하고 낮에는 책 읽고	夜則念而晝讀
몇 번이나 참선하고 독경하였던가	幾叅禪而誦經
『능가경』의 감춰진 뜻을 연구하고	究楞伽之密義
『법화경』의 실상에 감복하였네	服蓮花之實相
구름 창에 기대어 흐뭇해하며	倚雲窓而寄傲

무생가를 크게 부르니	唱無生之高歌
동쪽 고개 원숭이 소리도 아니지만	非東嶺之猿號
어찌 깊은 늪에서 우는 학이겠는가	豈九皐之鶴唳
조계에서 깨친 일숙각 스님을 그리워하고	想曹溪之一宿
돌을 차다가 깨친 현사 스님을 생각하여	思趯指之玄沙
생사가 이슬 같음을 알고	知生死之如露
이 몸이 연기 같음을 깨달았네	悟身世之似烟
천천히 대도에 나아가고	行大道於步步
생각마다 부처님께 다가가며	進金仙於念念
비야리성의 유마힐을 흠모하고	慕毘耶之杜默
소림의 좌선을 연모하였네	戀少林之坐禪
돌 탁자의 무성한 이끼도 내버려 두고	任石榻之苔綠
흙 책상의 풀도 무성한 대로 내버려 두어	從土床之草茂
곤하면 자고 배고프면 먹었으니	困則眠兮飢食
이 밖에 무엇을 구하리	唯此外兮何求
『장자』의 소요 편을 읽으며	賦逍遙之短篇
장자에 미치지 못함을 부끄러워하고	愧未及於莊周
법계의 티끌세상을 관하며	觀法界之塵利
창해의 부유물처럼 여겼네	等滄海之浮游
이 한 물건은 허공을 머금어도	這一物兮含虛
형체 없어 거두기 어렵도다	沒形段而難收

민 스님에게 드리는 시 서문 【민은 곧 쌍민이다.】

산을 좋아하고 물을 좋아하여 오랫동안 안개와 노을에 기대며 교학을 배우고 선을 참구하여 명승지를 두루 돌아다니는 자가 진정한 부처님의 제자이므로 이들을 고승이라고 부릅니다. 생각건대, 존사께서는 훌륭한 기상이 뛰어나고 늠름한 자태로 멀리 다니시어 소운笑雲의 방에서 충분히 참구하였고 포금布金의 정원에서 오래도록 지내셨습니다. 처음에 금강산에 가서 춘파春坡 대덕에게 선교를 물었고 말년에는 마지막에 치악산에 들어가 백운선암에서 발우와 바랑을 걸어 두었으니 이른바 한가한 도인이요, 또한 일을 마친 사람입니다. 재주로는 여러 사람을 능가하고 지혜로는 어진 이들과 나란하여, 위음왕불 저쪽의 소식을 통달하고 공겁 이전의 법신을 투과하였지만 눈 속에 서서 참구하지 않았으니, 어찌 격강隔江의 깨달음에 만족했겠습니까. 뜻은 이미 이루었지만 부모 봉양이 간절하여 혼정신성昏定晨省[17] 보살피심이 진실로 왕상王祥[18]과 같았고 은혜에 보답하는 효는 동산 양개洞山良价[19]와 같았으니, 세상에 희유한 일이어서 사람들이 실로 하기 어려운 일입니다. 저같이 비루한 사람은 우러러보면 부러움이 끝이 없고 굽어보면 탄식이 그치지 않습니다. 이와 같은 저의 말들은 이미 많은 허물일 뿐이지만 억지로 제목 붙여 졸렬한 시를 읊어 다시 제 뜻을 말하려 합니다.

贈示敏師序 【敏即雙敏】

好山樂水。身世久寄於烟霞。學教問禪。蹤迹殆徧於勝地。是眞釋子。乃曰高僧。伏念尊師。雋氣絶倫。英姿邁往。飽叅笑雲之室。久歷布金之園。始投金剛。問禪教於春坡大德。終入雉岳。掛鉢囊於白雲禪庵。所謂閑道人。亦云了事漢。才過多人。智伴賢輩。通達威音那邊消息。透過空劫已前法身。不果立雪之叅。豈饒隔江之悟。志愿已成。養親是切。昏定晨省。誠自侔於王祥。報德酬恩。孝猶同於良介。世所稀有。人固難能。唯我鄙人。仰羡何窮。俯歎不已。如斯愚說。自已多咎。强題拙吟。更叙卑意。

술회하여 대중에게 보임
述懷示衆

삼십 년 전 밝은 소식에 귀먹어	參拾年前早耳聾
경전 듣기 전폐하고 공을 관하기 배웠네	眈經全廢學觀空
벽봉은 나더러 무無 자 화두를 간하라 하였고	碧峰敎我看無話
청노는 나에게 주인공을 찾으라 했네	淸老令吾喚主翁
생각마다 진성으로 돌아가고	念念自歸眞性上
마음마다 다른 곳에 치닫지 않았으니	心心不涉狗兒中
『전등록』을 읽다가 깊은 뜻 알았고	傳燈披閱知深旨
자유로이 본지풍을 타고 올랐네	任運興騰本地風

또
又

생사고해의 윤회로부터 벗어나고자 하거든　　　　欲出四生苦趣央
간절하게 자신의 심왕을 반조하라　　　　　　　　切須返照自心王
처음엔 구름 속의 달처럼 들리지만　　　　　　　初聞髣佛雲中月
결국엔 거울 속의 빛처럼 분명하게 보이리니　　　終見分明鏡裡光
고금에 관통하거늘 어찌 단절과 연속이 있겠는가　貫古通今何斷續
천지에 가득하거늘 어찌 둥글거나 네모나겠는가　　盈天塞地豈圓方
육문에 나타났다 사라지는 것은 형체가 없지만　　六門隱現無形物
부처와 조사가 억지로 이름 붙여 본각황이라　　　佛祖强名本覺皇
하였네

또
又

순간순간 깨어 있어 잊지 마시오	時時擧覺不須忘
날이 가고 달이 깊어질수록 절로 드러나니	日久月深自爾彰
오랜 세월 미혹하였으니 쉽게 알기 어렵고	浩劫迷來何易得
다생에 어리석었으니 파악하기 가장 어렵도다	多生昧却最難詳
지난날 믿고 들었더라면 지금 깨달았겠지만	曩時信聽今時悟
숙세에 보지 못했다면 지금 눈멀어 있을 것이니	夙世未看此世盲
혹시 인연이 없었다면 부지런히 학문하여	如或無緣勤學問
범부를 돌려 성인이 되어 당에 오르시오	轉凡成聖得升堂

또
又

기이하다, 마음법이여! 본래 모습이 없구나	奇哉心法本無形
경계와 조건을 만나 만 가지 모습을 나타내니	觸境逢緣萬種形
변화무쌍한 하늘 땅과 다름이 없고	變化乾坤無異狀
고금에 그윽이 통하여 비할 바 없도다	冥通今古絶殊形
어리석은 범부는 믿지 않고 허망하다 기롱하지만	凡愚不信譏虛妄
지혜로운 성인은 밝게 알아 부처님을 찬양하네	聖智能明讚佛形
부디 그대들은 스스로 반조해야 할 것이니	伏請諸人自返照
모습 없는 것이 진정한 모습이라오	沒形段者是眞形

세상의 잘못과 허물을 생각하며
念世過患

사람이 불법을 만남은 맹귀우목盲龜遇木[20] 같나니	人逢佛法如龜木
속세에 즐거워할 만한 것이 없음을 갑자기 깨닫고	頓覺塵寰無可樂
사랑하는 부모와 이별하여 일찍 출가하여	割愛辭親早出家
승복 입고 머리 깎고 선지식을 찾았네	被緇髮落尋知識
어려서 부지런히 조사의 말씀을 읽었고	幼年勤誦祖師經
장성하여 모든 부처님 가르침을 궁구하였나니	壯歲深窮諸佛法
만약 승려로서 헛되이 시간만 보낸다면	若也爲僧空過時
죽어서 응당 염라대왕의 질책 받음을 생각해야 하리	念終應見閻王嘖

대방광불화엄경 【율시 7수】
大方廣佛華嚴經【律詩七首】

대大
팔만대장경 가운데 무엇이 가장 위대偉大한가	八萬經中誰最大
화엄경의 원만한 가르침이 대大가 되니	華嚴圓敎是爲大
제왕은 장차 이로써 훌륭한 임금이 되고	帝王將此作人君
부처와 조사는 이것을 증득하여 뭇 성인의 대大가 되네	佛祖證斯衆聖大
우뚝하고 높게 솟아 나란할 것 없이 높아	卓卓巍巍沒並高
훤칠하게 비교할 것 없이 대大하며	孤孤迥迥絕雙大
넓고 넓어 끝없이 크다고 말하지만	雖云廣博極無邊
도리어 마음 창고에 들어가니 어찌 대大라 하겠는가	却被心藏豈謂大

방方
대경이 시방十方에 두루하다는 말 듣고서	聞說大經遍十方
의심 해결하지 못해 제방諸方에서 묻고 다녀	有疑不決問諸方
해가 가고 세월이 다하도록 여러 사람 찾아	終年竟歲閱人衆
바다 건너고 산 건너 원방遠方까지 돌아다녔다오	越海蹤山慣遠方
손님과 주인의 높은 담론도 거기까지 미치지 못하고	賓主高談談未及
스승과 제자의 활발한 의론도 무방無方이니	師資濶議議無方
찰해를 갈아 먹물로 삼더라도	雖然刹海磨爲墨
쓰기 어려운 '화엄' 하나의 자방字方이로다	難寫華嚴一字方

광廣

화엄 법계의 광廣을 알고자 하거든	欲識華嚴法界廣
먼저 관하라, 심지가 끝없이 광廣함을	先觀心地無邊廣
겨자 속에 수미산을 들일 수 있는 것처럼	猶如芥裡納須彌
또 터럭 끝에 둘 수 있는 광廣이라오	又若毫端置利廣
가로로 시방에 걸쳐도 다시 남음이 있고	橫遍十方更有餘
세로로 삼세를 다하여도 더욱 높고 광廣하니	堅窮三際轉高廣
항하사같이 많은 부처님의 모든 신통으로	恒沙諸佛盡神通
겁을 지나 사량해도 측량 못하는 광廣이로다	歷劫思量莫測廣

불佛

꿈틀거리는 미물 모두 불佛이 있어	蠢動含靈皆有佛
사람마다 마음 그대로 천연한 불佛일세	人人心是天然佛
금을 녹이고 옥을 깎아 만든 무정한 불佛	鑄金削玉無情佛
흙을 다지고 나무를 조각하여 만든 가짜 불佛	泥塑木雕假象佛
심려를 그치고 정신을 맑혀 허망을 떠난 불佛	靜慮澄神離妄佛
현묘함을 참구하고 진여를 구하는 불佛	叅玄窮妙求眞佛
닦지도 증득하지도 않아 아무것도 하지 않는 불佛	不修不證無何佛
이것이 바로 여여하여 본래 깨달은 불佛이네	此即如如本覺佛

화華

인천의 길가 나무에 핀 발심의 화華	人天道樹發心華
흡사 봄바람 초목 같은 화華로다	恰似春風草木華
처음에 영지를 여는 공적의 꽃받침이더니	先坼靈知空寂萼
나중에 묘각을 여는 정인의 화華 되었네	後開妙覺正因華
불국토를 장엄하는 모든 선을 닦아	莊嚴佛土修諸善

영화롭게 열반 만덕의 화華가 되고	榮耀涅槃萬德華
삼아승기에 결국 열매를 맺는	三大僧祇方結果
지극히 희유한 우담바라 화華로다	超過希有鉢羅華

엄嚴

자비희사[21]가 훌륭한 장엄莊嚴이니	慈悲喜捨勝莊嚴
의보와 정보[22] 서로 융합하여 묘엄妙嚴이 되며	依正互融揔妙嚴
칠보 보배로 이루어진 국토	七寶金珎成國土
삼신[23] 사지[24]의 존엄尊嚴이로다	三身四智作尊嚴
성문과 보살이 구름처럼 모이고	聲聞菩薩如雲集
마군 범천 천룡이 마치 해엄海嚴 같아	魔梵天龍若海嚴
다함 없는 다라니 설하고 또 설하니	無盡陀羅說也說
편안한 이름 세상에 전하는 큰 화엄華嚴이로다	安名傳世大華嚴

경經

오묘한 뜻 현묘한 문으로 씨줄을 삼고	妙旨玄門以作緯
성명구문聲名句文[25]을 기氣의 경經으로 삼으니	聲名句偈假氣經
허공의 해와 달이 이 이치와 같고	虛空日月如斯理
강과 바다의 파도가 이 경經 같네	河海波瀾若此經
글과 뜻이 서로 의지해 궤칙이 되고	文義相資成軌則
말과 소리 함께 드러나 진정한 경經 되네	言音並著稱眞經
그렇지만 용궁에 쌓인 팔만대장경 중에	雖然八萬龍宮積
오직 화엄만이 최상의 경經일세	唯上華嚴最上經

자심을 관하며
自心觀

순식간에 수천 경의 뜻 또렷또렷해지고	片時歷歷千經義
한 생각에 수억 부처님의 마음 밝게 비추니	一念昭昭億佛心
이로부터 몰록 속세의 번뇌 잊어	從此頓忘塵世慮
흰 구름 높은 곳에 누워 마음만 관할 뿐이라오	白雲高臥但觀心

참학하여 말씀을 구함 [24수]
叅學求語【二十四首】

스승 찾아 도를 묻고 또 법을 듣고서 尋師問道又聞法
궁극의 이치 활연히 깨달은 후 닦았네 窮理豁然悟後修
밝게 증득하고 번뇌 사라져 중생 제도 마치니 明證沒量度生畢
함이 없이 자재하여 큰 평화가 뒤따르네 無爲自在大平隨

스승을 찾음 尋師
풀 뽑고 바람 우러러[26] 좋은 벗 찾고 撥草瞻風尋善友
산 넘고 바다 건너 밝은 스승 찾다가 踰山越海訪明師
홀연 면벽하여 공을 관하는 노인 만나게 되어 忽逢面壁觀空老
간절히 하루 종일 가르침을 청하였네 請益慇懃十二時

또 又
사람의 선악과 삿되고 바름 人之善惡與邪正
모두 부모와 벗과 스승의 가르치는 인연들이니 皆是親朋師教緣
보리의 현묘한 길을 배우고자 하거든 欲學菩提玄妙道
떨어지고 해진 옷 입은 도력 높은 이에게 물어야 하리 磨視捺[1]袴問高賢

도를 물음 問道
서쪽에서 오신 조사의 뜻 어떠한지 묻노니 西來祖意問如何

---
1) ㉠ '捺'은 '擦'의 오자인 것 같다.

속세 벗어난 진실한 근기를 사람들이 어찌 알겠소　出世眞機人若何
제자들은 공문의 어리석고 둔한 무리들이니　弟子空門痴鈍輩
원컨대 자비 드리워 가르쳐 주심이 어떠한지　願垂慈誨做工何

또 又
배우는 자 비록 언어의 길을 묻더라도　學者雖咨言語道
스승은 오묘한 밝은 마음을 곧장 보여 준다오　師家直示妙明心
본래 이 일은 문자를 떠나 있으니　本來此事離文字
처음부터 부처 마음 가리킴을 이상하게 여기지 말라　莫恠從初指佛心

법을 들음 聞法
처음 오묘한 뜻 듣고서 망연하였고　初聞妙旨意茫然
자주 현묘한 소리 듣고도 몽매하였지만　頻聽玄音尙昧然
날이 오래되고 달이 깊어지도록 항상 반조하였더니　日久月深常返照
비로소 대도가 본래 그러함을 알았네　方知大道本天然

또 又
가소롭다! 제방의 참학하는 무리들이여　可笑諸方叅學輩
총명한 지혜를 가지고 경문만을 듣는구나　但將聰慧聽經文
능히 소리 이전의 구절을 깨친다면　若能自悟聲前句
바야흐로 믿음으로 마음 돌려 문자 세우지 않으리　方信傳心不立文

이치를 궁구함 窮理

[1]

마음 관하고 성품 관하는 것이 진정한 의심이요	觀心觀性是眞疑
이치의 근원을 궁구함은 하나의 의심일 뿐이니	窮理窮源只一疑
구경의 현묘한 관문 어느 곳에 있는가	究竟玄關何所有
분명 그것은 본래 의심 없음이로다	分明這箇本無疑

[2]

순간순간 깨닫는 이 누구이며	時時擧覺是阿誰
쉼 없이 빛을 돌려 비추는 이 누구인가	密密回光返照誰
다그치고 끝까지 다그쳐 마음 끊어진 곳	逼到逼窮心絶處
은산철벽도 용납하지 않는 이 누구인가	銀山鐵壁不容誰

몰록 깨달음 頓悟

바뀐 몸 던져 끝없는 데 이르고	翻身返擲到無邊
위음왕 부처님 세계 저쪽을 지나	透過威音更那邊
홀로 허공에 서서 되돌아보노라니	獨立虛空試回看
항하사 부처세계 한 터럭 끝에 있도다	恒沙佛刹一毫邊

또 又

시방세계 남김없이 모두 비추나니	十方洞照無餘物
한 줄기 신령한 빛 고금에 걸쳐 있도다	一段靈光亘古今
허깨비 빈 몸 원래 부처이거늘	幻化空身元是佛
다시 어디서 원음을 듣겠는가	更於何處聽圓音

점차 닦음 漸修

백척간두에서 능히 활보하고 百尺竿頭能濶步
천 길 낭떠러지에서 잘 걸어 다니며 千尋峭壁善經行
또 외나무다리 끝을 지나지만 又如獨木橋邊過
한 생각 무너지면 생명을 보존하지 못하리 一念纔乖不保生

또 又

옷 속의 신비한 구슬 지금 처음 드러나니 衣內神珠今始現
기쁨을 감추지 못해 눈물이 냇물처럼 쏟아지네 不堪歡喜淚如泉
가난뱅이가 보배를 얻은 듯 항상 가지고 놀며 如貧得寶時時弄
이르는 곳마다 몸에 지녀 눈앞에 두었네 到處相隨在目前

밝게 증득함 明證

온 세상 돌아다님은 사를 밝게 알고자 함이니 行詣百城底事明
앉아서 온갖 전적 탐구한들 어찌 밝게 알겠는가 坐探群籍擬何明
만법 깊이 궁구하여 원통해진 후에 深窮萬法圓通後
다시 종사 방문하여 증명 받아야 하리 再訪宗師作證明

또 又

시방 보살이 모두 칭찬하고 十方菩薩同稱讚
삼세 여래가 모두 고개를 끄덕이는 三世如來共點頭
분명하고 역력한 현묘한 뜻을 歷歷明明玄妙旨
구차하게 하필 범부들에게 묻겠는가 區區何必問凡流

헤아림을 없앰 沒量

삼천 일월이 희미한 반딧불이요 三千日月微螢火

백억 국토가 한 마리 참새 집이니	百億乾坤一雀巢
사성육범[27]은 꿈속의 허깨비 같고	四聖六凡如夢幻
용궁만장[28]은 거북 털 같네	龍宮萬莊若龜毛

또 又

감도 옴도 없고 시작도 끝도 없으며	無去無來無始終
앞도 뒤도 아니고 중간도 아니며	非前非後亦非中
범부 성인 여의면서 능히 범부 성인 되나니	離凡離聖能凡聖
어찌 해 보고자 한다면 역시 통하지 않으리	若欲奈何亦不通

중생을 제도함 度生

자리와 이타에 나와 남이 없으니	自利利他無彼此
근기 따라 만남에 무슨 차별이 있을까	應機接物有何殊
호로병 물 위에 이는 파도 따라가듯이	胡蘆水上隨波轉
종일토록 자유로우니 어찌 근심이 있겠는가	終日騰騰豈有虞

또 又

반야의 자비로운 배 지혜바다에 띄우고	般若慈舟泛智海
대비의 감로수로 끝없이 적시니	大悲甘露潤無邊
순역의 미세한 망념이라도 있다면	當於逆順纖毫念
풍파가 일어 작은 배 침몰되리라	應見風波沒小船

함이 없음 無爲

적막한 초가 암자에 홀로 정좌하노니	寥寥獨坐茅菴靜
긴 밤 맑은 하늘 무슨 할 일 있을까	永夜淸霄何所爲
배고프면 밥 먹고 피곤하면 잠자는 것 외에	飢食困眠唯此外

평생 죽을 때까지 아무 함이 없네	終年竟歲任無爲

또 又

조작하지 않아도 본래 이루어져 있으니	不因造作本元成
그 자체가 여여하거늘 어찌 무너지겠는가	體自如如豈壞成
함이 없음을 설해도 도리어 옳지 않거늘	若說無爲還不是
하물며 닦고 배움을 설하여 이루어짐을 증명할까	況言修學證明成

자재함 自在

푸른 물 푸른 산 자유로이 노닐고	綠水靑山從自適
어촌에서 술 마시며 마음대로 돌아다니며	漁村酒肆任閑遊
마군 궁전과 호랑이 굴에서도 종횡으로 즐기니	魔宮虎穴縱橫快
하늘 세상 인간 세상 다를 것 없도다	天上人間絶等流

또 又

똑같지 않은 만물에 평등해지면	物無爲等等於物
어느 곳이든 인연 따라 한가롭게 될 것이요	處處隨緣幾許閑
행주좌와에 망념 없으면	或坐或行無可念
그 누구든 나와 함께 맑고 한가로우리라	何人與我共淸閑

크게 평화로움 太平[2]

[1]

본디 하늘은 높고 땅은 평평하며	天自高高地自平
햇빛은 밝고 달빛은 맑으니	日光赫赫月光淸

---

2) ㉮『韓國佛敎全書』에는 2수首로 나누어 놓았으나, 저본에는 1수로 되어 있다.

태평한 소식 그대는 아는가	太平消息君知否
만 골짜기 소나무 바람에 빗소리로다	萬壑松風帶雨聲

[2]

원래부터 범부와 성인의 이치 공평하거늘	從來凡聖理自平
무슨 일로 이제 와서 크게 공평하다 하는가	何事如今始太平
홀연히 무명을 허망하게 일으켰다가	忽有無明虛妄起
공연히 다시 없애고서 억지로 공평하다 말하네	空然還滅强言平

월봉 무주암 소연자가 출가하여 선의 이야기를 듣고 스스로 기뻐하여 삼가 기술한 보잘것없는 글

무릇 혼돈 이전을 태극太極이라는 이름으로 내걸었고, 개벽 이후를 양의兩儀라는 이름으로 나타내었으니, 양陽은 가볍고 맑아서 위로 올라가 하늘이 되었고, 음陰은 거칠고 탁하여 아래로 내려가 땅이 되었다. 음양으로 말미암아 사상四象이 함께 나오고, 오행五行이 서로 생겨났다. 팔괘八卦와 팔방八方은 우주의 삼라만상에서 시초가 되고, 삼성三聖과 삼교三敎는 건곤乾坤의 뭇 중생에게 모범이 되었다. 육도에 윤회하는 중생 가운데 오직 사람이 가장 신령하고 고귀하며, 십성十聖의 최상인 제불諸佛은 대자대비하시다. 아! 가장 고귀한 인간 질서에 참여하여 대비하신 부처님의 지위에 뛰어 오른 자가, 생각건대, 지난 시대에는 많이 있었지만 이 시대를 보면 점점 없어지고 있도다. 세대가 내려올수록 미혹하지 않은 사람이 없어서 악행을 익히면서 좋은 곳에 태어나려는 자 많고, 마군은 강해지고 부처님 법은 약해져서 귀신을 찾고 부처님을 비방하는 자 많다. 이 말세의 혼란한 시기에 태어나 성현의 은덕에 보답하고자 하거든, 만약 승려가 되어 부처님의 가르침을 받들지 않는다면 다시 무엇이 되어 선禪을 숭상하겠는가.

돌이켜 생각건대, 무주암 소연자 나는 천계天啓 3년(1623) 11월 19일 축시 태기가 있는 날에 비상한 꿈을 꾸고 임신되었으며 출산할 때 법복法服으로 기도하여 태어났다. 태어날 때 정수리에 한 마디(一寸) 정도의 머리카락이 있었는데 어떤 스님이 그것을 보고 '효배孝拜'라고 하였다. 그래서 '행립幸立'이라고 이름 지었다. 12살이 되었을 때 가야산에서 출가하고 15살에는 해인사에서 삭발하였다. 노을 안개의 뛰어난 풍경 속을 높이 밟고 다녔으니 몸은 바늘을 던져 겨자씨에 꽂히는 것 같았고, 사찰 도량을 한가히 노닐었으니 생각은 눈먼 거북이가 구멍 뚫린 나무로 머리를 내미는 것 같았다. 숙세의 좋은 인연을 이어받아 마침내 외람되게도 선륜禪倫을 헤아리게 된 것이 아니겠는가. 기쁨의 눈물이 눈에 맺히고 경사스러움이 가슴에 흘러내렸다. 속세 떠나 망념 끊어 버림을 기대함은 가까이 있고 입신양명을 기대함은 멀리 있어서, 두루 강사講肆와 선장禪場을 찾아다니며 경론의 은밀한 말씀을 열람하였고 눈 밝은 스승과 좋은 벗을 참방하여 경절문의 현묘한 담론을 들었다.

순치順治 연간 병술년(赤狗, 1646)에 해인대회에 참여한 이후에 불영사佛靈寺로 가서 안거하였으니, 취암翠岩 스님의 선방에 곧장 가서, 여러 차례 인허印虛 스님의 가르쳐 주고 분발시킴을 받을 줄 어찌 알았겠는가.

조실 스님이 나에게 가르쳐 주시기를, "보고 들을 수 있는 자는 누구인가. 처음부터 태산을 짊어진 것처럼 오매불망 놓치지 말고, 마지막까지 이세貳稅[29]를 부족하게 여기듯이 움직이고 가만히 있는 사이에 어그러뜨리지 말라. 순간순간 공부가 어떠한지를 묻고 자주자주 스스로를 꾸짖어 망념이 일어나는 즉시 깨닫도록 하라."라고 하였다. 이로부터 겨울철 석 달을 보냈는데 그 절반은 거꾸로 매달린 것처럼 보냈다.

조실 스님께서 게송으로 읊기를, "여느 봄처럼 그림자 겹쳐 드리우건만, 객이란 놈은 지름길로 가서 날마다 새로움을 보는가 보오. 색깔로 마음 보기를 급작스럽게 하지 말고, 눈동자에 비치는 동자는 앞에 있는 사람을 대면하시오."

나는 대답하였다. "이 게송의 뜻을 들으니 예와 새로움이란 없음을 말하는 것 같고, 천애의 가난한 거지가 고향 사람을 만난 것 같습니다. 하지만 어찌할 수 없으니 쥐가 소뿔에 들어간 격입니다."

조실 스님이 웃으며 말하였다. "이것은 좋은 소식이니, 듣고 보는 길을 구하지 말아야 하네. 만약 소리와 색깔을 보고 듣는다면 이는 모두 삿된 마군의 도라오."

나는 기뻐하며 대답하였다. "마치 청량제清凉劑를 복용한 것 같습니다."

이때 취암翠嵓 스님이 지리산으로 거처를 옮겼기에, 이별하고 홀로 거처하며 공空을 관하였다. 송파松坡 대사가 가야산에 있어서 다시 반야에 대한 가르침을 청하였고, 대사의 고매한 강의가 있었다. 그『금강경』서문에서 "한 물건이 여기에 있어 명상名相을 끊고 고금에 관통해 있다. 한 티끌 속에 있으면서 육합을 감싸고 있다. 안으로는 온갖 오묘함을 포함하고 밖으로는 모든 중생의 근기에 대응한다. 삼재三才의 주인이고 만법의 으뜸이다. 광대하여 그 비교할 것이 없고 우뚝하여 그 맞설 것이 없으니, 신神이라고 말하지 않던가. 몸을 굽혔다 펴는 사이에도 분명하고 보고 듣는 사이에 은은하니, 현玄이라고 말하지 않던가. 하늘과 땅보다 먼저 있으되 그 처음이 없고 하늘과 땅보다 뒤에 있으되 그 마침이 없으니, 없는 것인가, 있는 것인가. 그 이유를 알지 못하겠다."[30]라고 하였는데, 대사는 설하는 바 없이 설하였고 제자는 듣는 바 없이 들었다.

　이때에 이르러 미혹하고 답답했던 마음은 마치 구름을 헤치고 해를 보는 것 같았고, 어눌했던 말씨는 폭포수를 쏟아 내는 것처럼 거침없었다. 비록 그렇지만 이와 같이 들어서 얻은 바가 아직 글과 말에 있었고, 생각해서 밝힌 것이 아직 의해意解에 막혀 있었다. 마치 연기와 안개 속을 새벽에 걸어가는 것 같았고 멀리서 부싯돌과 번갯불을 보는 것 같았으니 설할 때는 깨달은 사람 같더니 거울을 대하여서는 다시 미혹해지는 자라고 할 수 있었다.

　다시 벽암碧嵓 장로를 찾아가서 겨울 석 달을 지내며 교학의 가르침을 받았고, 멀리 풍담楓潭 대사를 방문하여 여름 두 달을 지내며 선에 대해 물었다. 이후로 마음이 쾌락해져서 가고 머묾에 한가하였다. 구절구절 본래의 종지에 부합하였고 말마다 자기의 자리로 나아갔으니 사물의 겉모습에 초연하여 스스로 생각함에 당당하고, 이 세상 머무름에 한가하여 알맞았다. 신이하고 수승한 경지를 말하였더니 훌륭하다고 말하는 무리들이 있었다. 석장을 놓고 바랑을 걸어 두고서 나갔다가 돌아오지 않은 적이 없었고, 시를 읊고 도를 논하면서 서로 응대하지 않음이 없었다. 멀리 떠나려는 마음이 이미 다하였고 참방하려는 마음도 없어졌다. 그렇다면 남을 이롭게 하여 제도한 자는 몇 사람이며 스스로를 이롭게 하여 얻은 것은 어떤 물건인가. 형용할 수 없고 모색할 수 없으며 안으로 쌓임이 없고 밖으로 보이지 않으니, 하하하! 이 무슨 물건인가. 맑은 바람 밝은 달이 오직 내가 쓰는 재물이요, 푸른 물 푸른 산은 내가 앉고 눕는 보배 장소로다. 게송으로 읊는다.

月峯無住昭然子預出家聞禪話自欣慶謹述詘序

粤若混沌之前。揭扁之曰太極。開闢之後。標題之曰兩儀。陽者輕淸上爲天。陰者氄濁下成地。由是四象並出。五行相生。八卦八方。權輿於宇宙之萬像。三聖三敎。軌範於乾坤之群機。六九之中。唯人最靈最貴。十聖之上。諸佛大慈大悲。噫。旣預最貴之人倫。超登大悲之佛位者。想彼往劫比比有。觀此當時漸漸無。莫不世降人迷。習惡生善者寡。魔强法弱。求神毁佛者多。當此像季之亂時。欲報聖賢之恩德。若不爲僧而奉敎。更於作何而崇禪。顧惟無住菴昭然子。天啓三年。蒼鼠白馬。拾九黑猿之日。茅[1]貳白牛之時。於胎感之辰。以非常夢之有娠。産難之際。以法服祈之得生。纔生頂髮一寸餘。有僧見之曰孝拜。故名之曰幸立。年甫二六。出家於伽倻。歲當三五。落髮於海印。高躅烟霞之勝境。身如纖芥投針。優遊蘭若之道場。意若盲龜遇木。無乃承夙善種。莫非濫測禪倫。喜淚凝眸。慶幸溢臆。近期於離塵絶慮。遠冀於立身揚名。徧歷講肆禪場。僅閱經論之密語。衆訪明師善友。聊聞徑截之玄談。時維順治。序屬赤狗。曾叅海印大會。移杖佛靈安居。豈意徑投翠岩之禪軒。屢蒙印虛之激發。祖室敎予云。能見聞者。是阿誰耶。從初如負泰山。窘寐不弛。至末若欠貳稅。動靜無虧。時時拶問。做工何如。頻頻警責。念起即覺。於是三冬已過。半如在倒懸中。祖室頌曰。重重交影一般春。客漢徑由見日新。因色看心莫造次。眼中童子面前人。予對曰。聞此頌中意。道無舊與新。天涯貧乞漢。如見故鄉人。然尙不奈何。他如鼠入牛角。室笑曰。此乃好消息。莫求聞見道。若聲色見聞。皆是邪魔道。予欣然對曰。如服淸凉。於是翠岩移居智異。辭別獨處觀空。松坡尙在伽耶。再進願聞般若。大師高講。其序有一物在於斯。絶名相貫古今。處一塵圍六合。內含衆妙。外應群機。主於三才。王於萬法。蕩蕩乎其無比。巍巍乎其無倫。不曰神乎。昭昭於俯仰之間。隱隱於視聽之際。不曰玄乎。先天地而無其始。後天地而無其終。空耶有耶。未知所以。大師以無說現說。弟子以無聞得聞。至是迷悶之心。如披雲觀日。遲鈍之說。若瀉崖懸河。雖然如是。聞之所得。猶在於文言。思之所明。尙滯乎意解。髣髴曉行於烟中霧裡。依俙遠見於石火雷光。可謂說時似悟人。對鏡還迷者。重尋碧岩長老。閱敎三冬。遠訪楓潭大師。問禪二夏。此後心念快樂。去留逍遙。句句冥合本宗。言言回就自己。超然物表。自考桓桓。旅泊寰中。虛閑適適。語靈異之勝地。有聲華之賢流。無不駐錫掛囊而往還。莫非吟詩論道而酬唱。莫不遠遊之心已畢。叅訪之念亦終。然則利他所度者幾人。自利所得者何物。沒形容無摸揉。內無積外不觀。呵呵呵是何物。[2] 淸風明月。惟我受用之家財。綠水靑山。自是坐臥之寶所。頌曰。

의지한 곳 所依

하나의 진실 법계에 사바세계 있으니	一眞法界有娑婆[3]
백억 수미산 아래의 여러 나라들이오	百億須彌下列國
해와 달이 네 개의 주를 비추어 밝히는데	日月照明各四洲
하나의 주 가운데 천만 국토 있도다	一洲之中千萬國

---

1) ㉠ '茅'는 '第'의 오자이다.
2) ㉯ '物' 아래에 저본에는 12자의 공백이 있다.
3) ㉯ '娑娑'는 '娑婆'인 듯하다.

남섬부주에 중원이라 불리는 땅	南閻有土號中原
사해의 동쪽에 있는 조그만 나라	四海之東有小國
조선이라 불리는 이곳은 나의 나라	名曰朝鮮是我邦
산천이 수승하여 모든 나라에서 가장 뛰어나다	山川殊勝超諸國

태어난 곳 所生

조령의 남쪽 영남 성산읍	嶺之南邑星山地
서쪽에 큰 암석이 있는 조여리	兌有明嵒鳥餘里
이곳에 세속을 떠난 사람 없었는데	此處無人出世間
그중에 티끌세상 뛰어넘은 놈 있으니	其中有漢超塵裡
화택의 괴로운 윤회를 싫어하여	厭離火宅苦輪廻
공문에 들어가 불교 이치 증득하고	願入空門證佛理
다생에 갚지 못한 은혜 갚고자 서원하여	欲報多生未報恩
지금부터 비로소 석씨 성을 사용하네	從今始姓釋迦氏

스승 所師

아버지 낳으시고 어머니 길러 주심은 하늘땅 같거늘	考生妣育並乾坤
이끌어 길러 주신 스승은 공덕 가장 으뜸이오	率養師功德最元
안노는 나를 타일러 계율을 지니게 하였고	安老誨余持戒律
송파는 나를 이끌어 글을 익히게 하였으며	松坡誘我習文言
취암은 열어 보여 심지를 밝혀 주었고	翠岩開示明心地
국일[31]은 경전 강의로 교문에 들어가게 하였으며	國一講經入敎門
멀리 풍담 찾아 선어를 물으니	遠訪風潭問禪語
육존의 큰 가르침 부모 은혜 뛰어넘었네	六尊洪範邁親恩

당호所號

오온산에서 가장 높은 봉우리	五蘊山頭有一岫
높고 높아 우뚝 태허공에 솟아 있는 곳	高高卓立太虛空
시간적으로 삼세를 다하여 고금에 활발하고	竪窮三際古今濶
공간적으로 시방세계 위아래에 두루 통하는 곳	橫遍十方上下通
무주선암을 정상에 세우고	無住禪庵創于頂
소연 늙은이 거기에 사노라니	昭然老漢在於中
몇 겁을 지나도 무너지지 않을 것이거늘	雖經浩劫非成壞
병든 스님 영휴가 월봉이라 부르네	病釋靈休號月峯

휴에게 부끄러움慚休

승려로서 법을 공부함에 최고는 청휴이니	爲僧學法最淸休
하물며 이름을 얻어 팔휴에 참여할까마는	何況得名預八休
도덕으로 이름 높은 당나라 혜휴가 있었고	道德雄雄唐慧休
문장으로 빛나는 송나라 탕휴가 있었으며	文章赫赫宋湯休
유·불·도에 통달했던 늙은 배휴가 있었고	通儒通釋老裵休
글씨와 시에 능숙했던 관휴가 있었으며	能筆能詩有貫休
훌륭한 강의로 사람을 놀라게 했던 도휴가 있었으니	高講驚人古道休
재주 없고 병 많아 영휴에게 부끄럽네	不才多病愧靈休

머문 곳 所住

합천 가야산은 내가 승려 된 곳이고	伽耶【陜川】是我爲僧處
대구 비슬산은 스승의 탑을 세운 곳이며	琵瑟【大丘】奉師建塔處

때로 성주 불영산과 금산 황악산에 거주하였고	或住佛靈【星州】黃岳中【金山】
때로 풍기 소백산과 춘천 경운산에 거처하였으며	或居小伯【豊基】慶雲【春川】處
보은 속리산과 상주 사불산, 철원 백운산에서 살았고	俗離【報恩】四佛【尙州】白雲【鐵原】棲
회양 풍악산과 강릉 오대산, 지례 비봉산에서 거처하였으며	楓岳【淮陽】五臺【江陵】飛鳳【知禮】處
원주 치악산과 양근 용문산, 충주 미륵산에서 노닐었고	雉岳【原州】龍門【陽根】彌勒【忠州】遊
무주 여산과 운봉 방장산에서 바랑을 매어 두고 거처하였소	廬山【茂州】方丈【雲峯】掛囊處

처음 참구함 初叅

일찍이 해인사 벽암 회상에 거처할 적에	曾居海印碧巖會
기쁜 마음으로 화엄 대법회에 참여하였다가	喜托華嚴大法筵
역병을 피해 수도사로 옮겨 가	避疫移歸修道寺
다행히 선지식을 만나 참선을 배웠네	幸逢知識學叅禪
먼저 '이 뭐꼬' 화두를 들었고	先聞他是阿誰句
뒤에 스스로 주인공이라 부른 인연을 들었네	後聽主翁自喚緣
낮에는 경 읽고 밤에는 화두 들었건만	晝則看經夜擧話
공부에 전일함이 없어 망념이 분분했네	功無全一念紛然

의심 일으킴 起疑

머리도 없고 꼬리도 없어 어찌하지 못하다가	無頭無尾沒奈何
일찍이 보았던 두 번째의 글을 펼쳐 보았네	披覽曾開第二書

공에 떨어질까 염려되거든 한번 말해 보라	公怕落空試道看
공에 떨어짐을 두려워하는 자 공이라고	落空怕者是空歟
또 생각해 보니 남악 스님 처음 조사 참배하고	又思南岳初叅祖
의정 일으켜 생각을 오롯이 하다가	仍發疑情念一如
문득 조사가 읊은 게송을 듣고서	忽得聞師頌子詠
명명백백 돌이켜 주인공 있음을 보았네	明明返省主翁居

처음 이해함 初解

정신 바짝 차리고 주인공을 반조하였지만	惺惺返照主人公
있는 듯 없는 듯 궁구할 수 없더니	若有若空不可窮
『금강경설의』 서문 강의를 듣고서	聞講金剛說誼序
구름 걷히자 달이 허공에 있음을 홀연히 보았네	忽看雲捲月當空
길을 갈 때도 밝고 밝으며 분명하고	明明歷歷經行處
앉았다 누워 있는 가운데서도 쉼 없이 이어져	密密綿綿坐卧中
일상생활에 다만 저절로 만나게 되는 것일 뿐이어서	日用唯吾自偶諧
비로소 방 노인이 떨친 현풍을 알았네	始知龐老振玄風

미혹을 돌이킴 還迷

어떤 사람이 소가 가는 것을 잠시 보다가	如人暫見牛行處
몇 번이나 고삐 붙잡으려고 밭으로 달려가듯이	幾把鼻頭走入田
초목 우거진 사이 구름 안개 뒤덮고	草木叢間烟靄暗
봉우리 높은 험준한 산에 시냇물 불어나도다	峯巒高險漲溪川
세월은 홀연히 잠깐 사이 지나가는데	光陰倏忽須臾過
도 닦을 생각 소원해져 속세 일에 이끌리니	道念生疎世故牽
이 일 본래 쉽게 나아갈 수 있는 것이 아니거늘	此事本非容易就

어찌 내가 이러한가, 옛사람 그러했던가	豈吾如是古人然

속세를 끊음 絕世

멀리 속세 떠나 인연 잊고서	遠離塵世更忘緣
금강산 일만 이천 봉에 들어가니	深入金剛萬二千
삼세 여래 모두 모인 곳	三世如來都會處
시방 제불 모두 고갯마루에 계시네	十方諸佛摠臨嶺
계곡 소리 항상 현중의 오묘함을 설하고	溪聲常說玄中妙
산색은 모두 격외선을 드러내나니	岳色全彰格外禪
단박에 깨닫는 영지는 공적의 성품이라	頓悟靈知空寂性
무주라는 이름 고쳐 소연이라 하였네	改名無住號昭然

본분 本分

한 물건 체성 원만히 이룸을 알고자 하거든	要知一物體圓成
굽히고 우러러보는 사이에 역력하고 분명하다	俯仰周旋歷歷明
지난날 갔다가 이제 왔으니 움직임 없고	古往今來無動轉
하늘 높고 땅 두터우니 본래 공평하였네	天高地厚本齊平
처마 두른 산색 다른 색깔 아니요	繞軒山色非他色
집안에 들어온 냇물 소리 바로 나의 소리이니	入戶泉聲是我聲
이것을 버려 두고 다시 집안일 구함은	捨此更求家裡事
어리석어 날뛰며 같은 이름 부르는 것이라오	迷頭狂走喚同名

곧바로 보임 直示

이와 같이 설함은 나의 꾸밈 아니니	如斯說示非吾飾
아홉 굽이 속 간담을 다 비워도	傾豁肝腸九曲衷
공적영지는 생각이 미치지 못하고	空寂靈知思不及

중현 묘지는 인식이 이르기 어렵도다	重玄妙旨識難窮
갠지스강 모래는 헤아릴 수 있지만 마음은 어찌 측량할까	恒沙箅盡心何測
만법은 밝힐 수 있지만 성품은 통하지 못하나니	萬法能明性未通
서쪽에서 온 뜻을 나에게 묻는다면	問我西來端的意
돌 호랑이 바람에 울부짖는다고 답하리	向云石虎吼生風

마음을 봄 觀心

어찌 타인에게 나를 관하라 하겠는가	唯我令他何以觀
회광반조하여 자심을 관해야 하리니	回光返照自心觀
혼침이 두터울 땐 경행하여 마음 깨우고	昏沉重者經行覺
산란함이 많을 땐 정좌하여 관하라	掉擧多人靜坐觀
육진을 물들이지 않고 삼독을 멸하며	不染六塵三毒滅
모든 망념 멀리 여의고 하나의 진여를 관하라	遠離諸妄一眞觀
마음이 성성하여 깨어 있을 땐 증감이 없나니	惺惺這箇無增減
처음부터 끝까지 여여히 본성을 관하라	終始如如本性觀

삿됨을 변별함 辨邪

이처럼 승복 입은 부처님 문도들	若是被緇釋氏徒
마음자리 어두운 까까머리 미친 오랑캐 놈들	未明心地禿狂胡
도刀와 조ㄱ, 어魚와 로魯를 어찌 구별하며	刀刁魚魯誰分別
박璞과 석石, 금金과 유鍮를 어떻게 구별할까	璞石金鍮孰辨乎
노비와 낭군을 구별하지 못하는 참으로 술 취한 객이요	不識奴郎眞醉客
콩과 보리를 구분하지 못하는 실로 어리석은 범부로다	難分菽麥實愚夫

용과 뱀이 섞이듯이 범부와 성인이 섞여 있으니	龍蛇渾雜交凡聖
바른 눈 가진 이 드물어 동트기 전의 까마귀로다	正眼人稀不曉烏

마음을 논함 論心

함께 머물며 마음을 논한 스님 몇이던가	同住論心有幾僧
양산 성연 기의 스님이요	陽山性衍寄衣僧
스스로 어리석음을 맑게 깨친 세상의 보배들	自愚淸悟世球輩
현담 태엄 법형 스님이요	玄湛太嚴法泂僧
능히 지혜에 뛰어나 지혜 넓힌 이들	能慧慧雄宏慧等
우징 징판 자징 스님이요	宇澄澄判自澄僧
종사의 큰 깨달음으로 초심자에게 응대한 대사들	宗師大悟應初師
담익 선화 개안 스님이로다	曇翼禪和開眼僧

함께 배움 同學

정 깊고 뜻이 은밀한 벗이 있었으니	情深意密有朋友
원담 신순 원헌 스님	圓湛信淳遠憲師
차고 비며 높고 낮음을 능히 해석하고	虛實高低能自解
옳고 그름, 곧고 굽음을 보고 알도다	是非曲直可相知
여래의 가르침 왜 그런지 통달하고	如來敎說通何以
조사들의 선어 무슨 말인지 투과하였으니	諸祖禪詮透許爲
함께 노닐고 함께 배워 오래되었다 말하지 말라	莫道同遊同學久
꿈에서 창해 지나고서 지금에서야 생각하네	夢過滄海至今疑

강희康熙 42년 계미(1703) 2월 일 전라남도 담양 북령北嶺 추월산 용추사龍湫寺 개간開刊

康熙四十二年癸未。二月。日。全羅道潭陽北嶺秋月山龍湫寺開刊。

대덕기大德記 : 대선사大禪師 혜인惠仁, 대선사 일옥一玉, 대선사 현옥玄玉, 대선사 추붕秋鵬, 대선사 응안應眼.
산중노덕질山中老德秩 : 통정通政 선우善祐, 선사禪師 회신恢信, 선사 종민宗敏.
삼강질三綱秩 : 주지住持 처정處淨, 삼보三宝 보상普尙, 지사持事 사인思忍, 서기書記 서탁西卓.
시주겸문제질施主兼門弟秩 : 탄학坦學, 학잠學岑, 학경學敬, 태익太益, 신행信行, 찬보贊宝, 찬묵贊默, 찬연贊連, 찬언贊彦, 묘정妙正, 찬매贊梅, 찬진贊振, 찬종贊宗, 대웅大雄, 묘계妙戒, 대침大琛, 대심大心, 대관大觀, 대헌大憲, 묘성妙性.
연화질緣化秩 : 간각刊刻 태초太初, 재청再淸.
　　　　　　공양供養 시책時策, 이성以成.
　　　　　　별좌別座 선간禪侃.
　　　　　　대공덕주大功德主 해운海雲.
　　　　　　서사書寫 유학幼學 정래린鄭來獜.

大德記。大禪師惠仁。大禪師一玉。大禪師玄玉。大禪師秋鵬。大禪師應眼。
山中老德秩。通政善祐。禪師恢信。禪師宗敏。
三綱秩。住持處淨。三宝普尙。持事思忍。書記西卓。
施主兼門弟秩。坦學。學岑。學敬。太益。信行。贊宝。贊默。贊連。贊彦。妙正。贊梅。贊振。贊宗。大雄。妙戒。大琛。大心。大觀。大憲。妙性。
緣化秩。刊刻。太初。再淸。
　　　　供養主。時策。以成。
　　　　別座。禪侃。
　　　　大功德主。海雲。
　　　　書寫幼學。鄭來獜。

주

1 **공자님 양영에서~꿈을 꾸니** : 공자가 두 기둥(兩楹) 사이에 앉아 제수祭需를 받는 꿈을 꾸고 나서 얼마 뒤에 죽은 고사를 말한다.
2 **고반考盤** : 『詩經』「衛風」〈考槃〉 주에 "고考는 이룬다는 뜻이고, 반槃은 머뭇거린다는 뜻이니 그 은거할 집을 이룬다는 말이다.(考成也。槃盤桓之意。言成其隱處之室也。)"라고 되어 있다.
3 **거북이 털붓으로~쏘는 것처럼** : 거북이 털로 만든 붓이나 토끼의 활은 현실에 없는 것이므로, 불가능한 것을 말한다.
4 **황벽 스님~것을 기억하라** : 마조 스님의 할喝에 백장 스님은 귀가 먹고 황벽 스님은 혓바닥이 빠졌다고 한다. 『禪家龜鑑』하권(H7, 631b) 참조.
5 **간어揀語** : 착어着語, 간화揀話. 화두의 본칙本則이나 송頌에 대해 짤막한 평을 더하는 것.
6 **삼승三乘 성인** : 성문·연각·보살을 말한다.
7 **육사외도六師外道** : 부처님 당시에 있었던 여섯 명의 사상가를 가리킨다.
8 **삼량三量** : 현량現量·비량比量·성언량聖言量을 말한다. 현량은 직접적 인식인 지각이고, 비량은 간접적 인식인 추리이며, 성언량은 표준이 되는 부처님의 말씀이다.
9 **수유須臾** : 불교에서의 시간 단위로 매우 짧은 순간을 의미한다.
10 **단지丹地** : 몸과 마음의 정기가 모이는 단전丹田을 의미하는 것으로 보인다.
11 **척蹠** : 춘추 전국 시대의 큰 도적을 가리킨다.
12 **정政** : 진시황의 이름.
13 **현사玄沙 스님이~발가락 아파하자** : 현사가 오미선五味禪을 배우려고 재를 넘어가다 발가락이 돌부리에 채이자 아픔과 동시에 깨달음을 얻고는 재 밖으로 나가지 않았다고 함.
14 **수료水潦 스님 차여 고꾸라지자** : 『看話決疑論』(H4, 735a) 참조.
15 **팔각八刻** : 15분을 일각一刻으로 하여, 지금의 2시간을 팔각이라고 한다.
16 **혜원慧遠의 여산廬山** : 동진東晉 시대 혜원(334~416)이 백련결사를 개최했던 여산을 말한다.
17 **혼정신성昏定晨省** : 자식이 아침저녁으로 부모님의 처소를 돌봐드리고 문안한다는 뜻이다.
18 **왕상王祥(184~268)** : 조위曹魏와 서진西晉의 대신大臣이었으며 이름난 효자이다. 계모繼母가 한겨울에 물고기를 먹고 싶다고 하자 곧 강으로 가서 옷을 벗고 얼음 위에 누워 얼음을 녹여 고기를 잡으려고 하니 두 마리의 잉어가 튀어나와 잡았다는 고사가 전한다.
19 **동산 양개洞山良价(807~869)** : 당나라 때 승려로서 선종의 종파인 조동종曹洞宗의 종조宗祖이다.

20 맹귀우목盲龜遇木 : 눈먼 거북이가 백 년에 한 번 구멍 뚫린 나무판자를 만나는 것처럼 어려운 일을 말한다.
21 자비희사慈悲喜捨 : 사무량심四無量心이라고도 한다. 자慈는 즐거움을 주려는 마음가짐, 비悲는 괴로움을 덜어 주려는 마음가짐, 희喜는 기쁨을 얻게 하려는 마음가짐, 사捨는 평등하게 여기는 마음가짐이다.
22 의보依報와 정보正報 : 의보는 중생이 처해 있는 환경이고, 정보는 중생의 몸과 마음 작용이다.
23 삼신三身 : 법신法身·보신報身·화신化身을 말한다.
24 사지四智 : 부처님이 갖춘 네 가지 깨달음의 지혜로, 대원경지大圓鏡智·평등성지平等性智·묘관찰지妙觀察智·성소작지成所作智를 말한다.
25 성명구문聲名句文 : 언어와 문자로 표현되는 모든 것을 말한다.
26 풀 뽑고 바람 우러러(撥草瞻風) : '발초첨풍撥草瞻風'은 풀을 뽑아 길을 만드는 역경을 이겨 내고 바람을 우러러보는 겸손함으로 스승을 찾아 나선다는 의미이다.『緇門警訓』권9(T48, 1089c) 참조.
27 사성육범四聖六凡 : 네 성인과 여섯 범부. 즉 사성은 성문·연각·보살·부처님이고, 육범은 지옥·아귀·축생·수라·인간·천상을 윤회하는 여섯 범부를 말한다.
28 용궁만장龍宮萬莊 : 용궁에 아름답게 장엄되어 있다고 하는 궁전을 말한다.
29 이세貳稅 : 무슨 의미인지 분명하지 않다.
30 한 물건이~알지 못하겠다 : 신여信如의 「金剛經序」 구절. 『東文選』 권94.
31 국일國一 : 국일은 보은천교원조국일도대선사報恩闡敎圓照國一都大禪師의 호를 하사받은 벽암 각성碧巖覺性(1575~1660)을 가리킨다.

찾아보기

가야산伽耶山 / 186, 213
개안開眼 / 218
경운산慶雲山 / 214
고자암高自庵 / 79
광헌廣軒 / 117
구환 스님 / 107
구암당龜巖堂 방인方印 / 69
『금강경金剛經』 / 73, 209
『금강경설의金剛經說誼』 / 215
『금강반야경金剛般若經』 / 88
금강산金剛山 / 133, 171
금선대金僊臺 / 79
금선사金僊寺 / 31
기機 선사 / 115, 132

『능가경楞伽經』 / 73, 187

담담湛 스님 / 171
담익曇翼 / 218
대관大觀 / 220
『대방광불화엄경大方廣佛華嚴經』 / 196
대심大心 / 220

대웅大雄 / 220
대침大琛 / 220
대헌大憲 / 220
두류산頭流山 / 186

만폭동萬瀑洞 / 186
묘계妙戒 / 220
묘성妙性 / 220
묘정妙正 / 220
무적당無迹堂 원 수좌元首座 / 148, 159, 160
무주암無住庵 / 27, 79, 213
문 상인文上人 / 111
미륵산彌勒山 / 214
민민敏 스님 / 189

『반야경般若經』 / 73
방장산方丈山 / 214
백련정사白蓮精社 / 186
백운산白雲山 / 214
법명法明 / 156
법형法泂 / 218
『법화경法華經』 / 41, 187
벽암碧巖 / 31, 79, 209, 214

보상普尙 / 220
불영사佛靈寺 / 208
불영산佛靈山 / 214
비봉산飛鳳山 / 214
비슬산琵瑟 / 213

사불산四佛山 / 214
사인思忍 / 220
상원사上院寺 / 31
서탁西卓 / 220
선간禪侃 / 220
『선교석禪教釋』 / 74
『선문염송禪門拈頌』 / 31
선우善祐 / 220
「선재남유기善財南遊記」 / 41
선화禪和 / 218
설악산雪岳山 / 111
성性 스님 / 144
소백산小伯山 / 214
소연자昭然子 / 27, 79, 207, 213
소운笑雲 / 189
속리산俗離山 / 214
송파松坡 / 31, 79, 209, 212
『수능엄경首楞嚴經』 / 55
시책時策 / 220
신륵암新勒庵 / 70, 75
『신선통감神仙通鑑』 / 41
신순信淳 / 218
신행信行 / 220
심선心禪 / 152
쌍민雙敏 / 189

언彦 사미 / 121
여산廬山 / 214
영英 대사 / 118
영휴靈休 / 213
오대산五臺山 / 214
오悟 스님 / 108, 162
용문산龍門山 / 214
우愚 스님 / 164
우징宇澄 / 218
『원각경圓覺經』 / 80
원담圓湛 / 218
원헌遠憲 / 218
응膺 대사 / 110, 131
응 판사膺判事 / 145, 146
응안應眼 / 220
이성以成 / 220
일선一禪 / 147
일옥一玉 / 220
일출암日出庵 / 186

자징自澄 / 218
『장자莊子』 / 188
재청再淸 / 220
『전등록傳燈錄』 / 31, 36, 191
정래린鄭來獜 / 220
정양사正陽寺 / 31
제월霽月 / 70
조여리鳥餘里 / 212
종민宗敏 / 220

종오宗悟 / 63
지리산 서대西臺 / 31
징판澄判 / 218

찬매贊梅 / 220
찬묵贊默 / 220
찬보贊宝 / 220
찬언贊彦 / 220
찬연贊連 / 220
찬종贊宗 / 220
찬진贊振 / 220
참경懺經 / 84
처정處淨 / 220
천오天悟 / 116
천주산天柱山 / 70, 75
추붕秋鵬 / 220
춘파春坡 / 70, 189
취암翠巖 / 31, 79, 208, 209, 212
치악산雉岳山 / 31, 214

탄학坦學 / 220
태엄太嚴 / 218
태익太益 / 220
태초太初 / 220

풍담楓潭 / 31, 70, 79, 166, 209, 212
풍악산楓岳山 / 166, 178, 214

학경學敬 / 220
학잠學岑 / 220
해해 선사 / 113
해운海雲 / 220
해인사海印寺 / 214
현담玄湛 / 218
현옥玄玉 / 220
현진 주인玄眞主人 / 135
혜慧 스님 / 112
혜인惠仁 / 220
『화엄경華嚴經』/ 31
『화엄소華嚴疏』/ 74
황악산黃岳山 / 214
회신恢信 / 220
흠欽 선자 / 166, 178

한글본 한국불교전서

조·선·출·간·본

조선1 작법귀감
백파 긍선 | 김두재 옮김 | 신국판 | 336쪽 | 18,000원

조선2 정토보서
백암 성총 | 김종진 옮김 | 4X6판 | 224쪽 | 12,000원

조선3 백암정토찬
백암 성총 | 김종진 옮김 | 4X6판 | 156쪽 | 9,000원

조선4 일본표해록
풍계 현정 | 김상현 옮김 | 4X6판 | 180쪽 | 10,000원

조선5 기암집
기암 법견 | 이상현 옮김 | 신국판 | 320쪽 | 18,000원

조선6 운봉선사심성론
운봉 대지 | 이종수 옮김 | 4X6판 | 200쪽 | 12,000원

조선7 추파집·추파수간
추파 홍유 | 하혜정 옮김 | 신국판 | 340쪽 | 20,000원

조선8 침굉집
침굉 현변 | 이상현 옮김 | 신국판 | 300쪽 | 17,000원

조선9 염불보권문
명연 | 정우영·김종진 옮김 | 신국판 | 224쪽 | 13,000원

조선10 천지명양수륙재의범음산보집
해동사문 지환 | 김두재 옮김 | 신국판 | 636쪽 | 28,000원

조선11 삼봉집
화악 지탁 | 김재희 옮김 | 신국판 | 260쪽 | 15,000원

조선12 선문수경
백파 긍선 | 신규탁 옮김 | 신국판 | 180쪽 | 12,000원

조선13 선문사변만어
초의 의순 | 김영욱 옮김 | 4X6판 | 192쪽 | 11,000원

조선14 부휴당대사집
부휴 선수 | 이상현 옮김 | 신국판 | 376쪽 | 22,000원

조선15 무경집
무경 자수 | 김재희 옮김 | 신국판 | 516쪽 | 26,000원

조선16 무경실중어록
무경 자수 | 성재헌 옮김 | 신국판 | 340쪽 | 20,000원

조선17 불조진심선격초
무경 자수 | 성재헌 옮김 | 신국판 | 168쪽 | 11,000원

조선18 선학입문
김대현 | 성재헌 옮김 | 신국판 | 240쪽 | 14,000원

조선19 사명당대사집
사명 유정 | 이상현 옮김 | 신국판 | 508쪽 | 26,000원

조선20 송운대사분충서난록
신유한 엮음 | 이상현 옮김 | 신국판 | 324쪽 | 20,000원

조선21 의룡집
의룡 체훈 | 김석군 옮김 | 신국판 | 296쪽 | 17,000원

조선22 응운공여대사유망록
응운 공여 | 이대형 옮김 | 신국판 | 350쪽 | 20,000원

조선23 사경지험기
백암 성총 | 성재헌 옮김 | 신국판 | 248쪽 | 15,000원

조선24 무용당유고
무용 수연 | 이상현 옮김 | 신국판 | 292쪽 | 17,000원

조선25 설담집
설담 자우 | 윤찬호 옮김 | 신국판 | 200쪽 | 13,000원

조선26 동사열전
범해 각안 | 김두재 옮김 | 신국판 | 652쪽 | 30,000원

조선27 청허당집
청허 휴정 | 이상현 옮김 | 신국판 | 964쪽 | 47,000원

조선28 대각등계집
백곡 처능 | 임제완 옮김 | 신국판 | 408쪽 | 23,000원

조선29 반야바라밀다심경략소연주기회편
석실 명안 엮음 | 강찬국 옮김 | 신국판 | 296쪽 | 17,000원

| 조선 30 | 허정집
허정 법종 | 성재헌 옮김 | 신국판 | 488쪽 | 25,000원

| 조선 31 | 호은집
호은 유기 | 김종진 옮김 | 신국판 | 264쪽 | 16,000원

| 조선 32 | 월성집
월성 비은 | 이대형 옮김 | 4X6판 | 172쪽 | 11,000원

| 조선 33 | 아암유집
아암 혜장 | 김두재 옮김 | 신국판 | 208쪽 | 13,000원

| 조선 34 | 경허집
경허 성우 | 이상하 옮김 | 신국판 | 572쪽 | 28,000원

| 조선 35 | 송계대선사문집 · 상월대사시집
송계 나식·상월 새봉 | 김종진·박재금 옮김 | 신국판 | 440쪽 | 24,000원

| 조선 36 | 선문오종강요 · 환성시집
환성 지안 | 성재헌 옮김 | 신국판 | 296쪽 | 17,000원

| 조선 37 | 역산집
영허 선영 | 공근식 옮김 | 신국판 | 368쪽 | 22,000원

| 조선 38 | 함허당득통화상어록
득통 기화 | 박해당 옮김 | 신국판 | 300쪽 | 18,000원

| 조선 39 | 가산고
월하 계오 | 성재헌 옮김 | 신국판 | 446쪽 | 24,000원

| 조선 40 | 선원제전집도서과평
설암 추붕 | 이정희 옮김 | 신국판 | 338쪽 | 20,000원

| 조선 41 | 함홍당집
함홍 치능 | 성재헌 옮김 | 신국판 | 348쪽 | 21,000원

| 조선 42 | 백암집
백암 성총 | 유호선 옮김 | 신국판 | 544쪽 | 27,000원

| 조선 43 | 동계집
동계 경일 | 김승호 옮김 | 신국판 | 380쪽 | 22,000원

| 조선 44 | 용암당유고 · 괄허집
용암 체조·괄허 취여 | 김종진 옮김 | 신국판 | 404쪽 | 23,000원

| 조선 45 | 운곡집 · 허백집
운곡 충휘·허백 명조 | 김재희·김두재 옮김 | 신국판 | 514쪽 | 26,000원

| 조선 46 | 용담집 · 극암집
용담 조관·극암 사성 | 성재헌·이대형 옮김 | 신국판 | 520쪽 | 26,000원

| 조선 47 | 경암집
경암 응윤 | 김재희 옮김 | 신국판 | 300쪽 | 18,000원

| 조선 48 | 석문상의초 외
벽암 각성 외 | 김두재 옮김 | 신국판 | 338쪽 | 20,000원

| 조선 49 | 월파집 · 해붕집
월파 태율·해붕 전령 | 이상현·김두재 옮김 | 신국판 | 562쪽 | 28,000원

| 조선 50 | 몽암대사문집
몽암 기영 | 이상현 옮김 | 신국판 | 348쪽 | 21,000원

| 조선 51 | 징월대사시집
징월 정훈 | 김재희 옮김 | 신국판 | 272쪽 | 16,000원

| 조선 52 | 통록촬요
엮은이 미상 | 성재헌 옮김 | 신국판 | 508쪽 | 26,000원

| 조선 53 | 충허대사유집
충허 지책 | 성재헌 옮김 | 신국판 | 296쪽 | 18,000원

| 조선 54 | 백열록
금명 보정 | 김재희 옮김 | 신국판 | 364쪽 | 22,000원

| 조선 55 | 조계고승전
금명 보정 | 김용태·김호귀 옮김 | 신국판 | 384쪽 | 22,000원

| 조선 56 | 범해선사시집
범해 각안 | 김재희 옮김 | 신국판 | 402쪽 | 23,000원

| 조선 57 | 범해선사문집
범해 각안 | 김재희 옮김 | 신국판 | 208쪽 | 13,000원

| 조선 58 | 연담대사임하록
연담 유일 | 하혜정 옮김 | 신국판 | 772쪽 | 34,000원

| 조선 59 | 풍계집
풍계 명찰 | 김두재 옮김 | 신국판 | 438쪽 | 24,000원

| 조선 60 | 혼원집 · 초엄유고
혼원 세환·초엄 복초 | 윤찬호 옮김 | 신국판 | 332쪽 | 20,000원

| 조선 61 | 청주집
환공 치조 | 성재헌 옮김 | 신국판 | 416쪽 | 23,000원

조선62 대동영선
금명 보정 | 이상하 옮김 | 신국판 | 556쪽 | 28,000원

조선63 현정론·유석질의론
득통 기화·지은이 미상 | 박해당 옮김 | 신국판 | 288쪽 | 17,000원

신 · 라 · 출 · 간 · 본

신라1 인왕경소
원측 | 백진순 옮김 | 신국판 | 800쪽 | 35,000원

신라2 범망경술기
승장 | 한명숙 옮김 | 신국판 | 620쪽 | 28,000원

신라3 대승기신론내의약탐기
태현 | 박인석 옮김 | 신국판 | 248쪽 | 15,000원

신라4 해심밀경소 제1 서품
원측 | 백진순 옮김 | 신국판 | 448쪽 | 24,000원

신라5 해심밀경소 제2 승의제상품
원측 | 백진순 옮김 | 신국판 | 508쪽 | 26,000원

신라6 해심밀경소 제3 심의식상품 제4 일체법상품
원측 | 백진순 옮김 | 신국판 | 332쪽 | 20,000원

신라7 해심밀경소 제5 무자성상품
원측 | 백진순 옮김 | 신국판 | 536쪽 | 27,000원

신라12 무량수경연의술문찬
경흥 | 한명숙 옮김 | 신국판 | 800쪽 | 35,000원

신라13 범망경보살계본사기 상권
원효 | 한명숙 옮김 | 신국판 | 272쪽 | 17,000원

신라14 화엄일승성불묘의
견등 | 김천학 옮김 | 신국판 | 264쪽 | 15,000원

신라15 범망경고적기
태현 | 한명숙 옮김 | 신국판 | 612쪽 | 28,000원

신라16 금강삼매경론
원효 | 김호귀 옮김 | 신국판 | 666쪽 | 32,000원

신라17 대승기신론소기회본
원효 | 은정희 옮김 | 신국판 | 536쪽 | 27,000원

신라18 미륵상생경종요 외
원효 | 성재헌 외 옮김 | 신국판 | 420쪽 | 22,000원

신라19 대혜도경종요 외
원효 | 성재헌 외 옮김 | 신국판 | 256쪽 | 15,000원

신라20 열반종요
원효 | 이평래 옮김 | 신국판 | 272쪽 | 16,000원

신라21 이장의
원효 | 안성두 옮김 | 신국판 | 256쪽 | 15,000원

신라22 본업경소 하권 외
원효 | 최원섭·이정희 옮김 | 신국판 | 368쪽 | 22,000원

신라23 중변분별론소 제3권 외
원효 | 박인성 외 옮김 | 신국판 | 288쪽 | 17,000원

신라24 지범요기조람집
원효·진원 | 한명숙 옮김 | 신국판 | 310쪽 | 19,000원

신라25 집일 금광명경소
원효 | 한명숙 옮김 | 신국판 | 636쪽 | 31,000원

신라26 복원본 무량수경술의기
의적 | 한명숙 옮김 | 신국판 | 500쪽 | 25,000원

고 · 려 · 출 · 간 · 본

고려1 일승법계도원통기
균여 | 최연식 옮김 | 신국판 | 216쪽 | 12,000원

고려2 원감국사집
충지 | 이상현 옮김 | 신국판 | 480쪽 | 25,000원

고려3 자비도량참법집해
조구 | 성재헌 옮김 | 신국판 | 696쪽 | 30,000원

고려4 천태사교의
제관 | 최기표 옮김 | 4X6판 | 168쪽 | 10,000원

고려 5 대각국사집
의천 | 이상현 옮김 | 신국판 | 752쪽 | 32,000원

고려 6 법계도기총수록
저자 미상 | 해주 옮김 | 신국판 | 628쪽 | 30,000원

고려 7 보제존자삼종가
고봉 법장 | 하혜정 옮김 | 4X6판 | 216쪽 | 12,000원

고려 8 석가여래행적송·천태말학운묵화상경책
운묵 무기 | 김성옥·박인석 옮김 | 신국판 | 424쪽 | 24,000원

고려 9 법화영험전
요원 | 오지연 옮김 | 신국판 | 264쪽 | 17,000원

고려 10 남명천화상송증도가사실
□련 | 성재헌 옮김 | 신국판 | 418쪽 | 23,000원

고려 11 백운화상어록
백운 경한 | 조영미 옮김 | 신국판 | 348쪽 | 21,000원

고려 12 선문염송 염송설화 회본 1
혜심·각운 | 김영욱 옮김 | 신국판 | 724쪽 | 33,000원

※ 한글본 한국불교전서는 계속 출간됩니다.

월봉 책헌 月峰策憲
(1623~?)

경상남도 성산 조여리에서 출생. 1638년 해인사에서 삭발. 1651년에 벽암 각성碧巖覺性의 부름을 받고 속리산 법주사에서 지냈고, 1653년 금강산 정양사에 가서 풍담 의심楓潭義諶에게 선을 물었다. 1659년에 상원사上院寺에서 여름 결제하면서 명성이 알려졌고, 1663년에는 원주 미륵산 고자암에 머물렀다. 사법 제자로는 대명 천붕大溟天鵬과 한송 득관寒松得寬 등이 있다.

옮긴이 이종수

동국대학교 사학과를 졸업하고 같은 대학 불교학과에서 석사과정을 마쳤으며 다시 사학과에서 박사학위를 취득했다. 현재 순천대학교 사학과 교수로 재직 중이다. 주요 논문으로는 「조선 후기 불교의 수행 체계 연구-삼문수학을 중심으로」, 「조선 후기 불교계의 심성논쟁-운봉의 『심성론』을 중심으로」 등이 있고, 번역서로는 『운봉선사심성론』 등이 있다.

증의
김석군(전 동국대학교 불교학술원 전임연구원)